# 100 ANOS
## de Beatriz Alvarenga

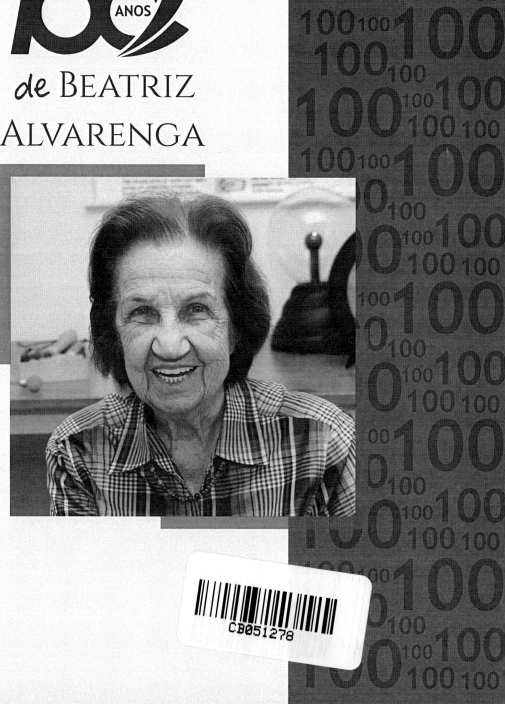

Conceição Barbosa-Lima
Ruth Schmitz de Castro
**ORGANIZADORAS**

# 100 ANOS
## de BEATRIZ ALVARENGA

**Editora Livraria da Física**
São Paulo | **2023**

Copyright © 2023 Conceição Barbosa-Lima & Ruth Schmitz de Castro

**Editor:** José Roberto Marinho
**Editoração Eletrônica:** Horizon Soluções Editoriais
**Capa:** Horizon Soluções Editoriais
**Foto da Capa:** Foca Lisboa | UFMG

*Texto em conformidade com as novas regras ortográficas do Acordo da Língua Portuguesa.*

**Dados Internacionais de Catalogação na Publicação (CIP)**
**(Câmara Brasileira do Livro, SP, Brasil)**

> 100 anos de Beatriz Alvarenga / Conceição Barbosa-Lima, Ruth Schmitz de Castro, organizadoras – São Paulo: Livraria da Física, 2023.
>
> Vários autores.
> Bibliografia.
> ISBN: 978-65-5563-363-4
>
> 1. Alvarenga, Beatriz, 1923- 2. Física - Brasil - História 3. Físicas - Brasil - Biografia I. Barbosa-Lima, Conceição. II. Castro, Ruth Schmitz de.
>
> 23-168276                                                                 CDD–530.092

**Índices para catálogo sistemático:**

1. Físicas: Vida e obra       530.092

Cibele Maria Dias – Bibliotecária – CRB-8/9427

ISBN: 978-65-5563-363-4

Todos os direitos reservados. Nenhuma parte desta obra poderá ser reproduzida sejam quais forem os meios empregados sem a permissão das organizadoras. Aos infratores aplicam-se as sanções previstas nos artigos 102, 104, 106 e 107 da Lei n. 9.610, de 19 de fevereiro de 1998.

Impresso no Brasil • *Printed in Brazil*

**Editora Livraria da Física**
Fone: (11) 3815-8688 / Loja (IFUSP)
Fone: (11) 3936-3413 / Editora
www.livrariadafisica.com.br | www.lfeditorial.com.br

# Conselho Editorial

**Amílcar Pinto Martins**
Universidade Aberta de Portugal

**Arthur Belford Powell**
Rutgers University, Newark, USA

**Carlos Aldemir Farias da Silva**
Universidade Federal do Pará

**Emmánuel Lizcano Fernandes**
UNED, Madri

**Iran Abreu Mendes**
Universidade Federal do Pará

**José D'Assunção Barros**
Universidade Federal Rural do Rio de Janeiro

**Luis Radford**
Universidade Laurentienne, Canadá

**Manoel de Campos Almeida**
Pontifícia Universidade Católica do Paraná

**Maria Aparecida Viggiani Bicudo**
Universidade Estadual Paulista - UNESP/Rio Claro

**Maria da Conceição Xavier de Almeida**
Universidade Federal do Rio Grande do Norte

**Maria do Socorro de Sousa**
Universidade Federal do Ceará

**Maria Luisa Oliveras**
Universidade de Granada, Espanha

**Maria Marly de Oliveira**
Universidade Federal Rural de Pernambuco

**Raquel Gonçalves-Maia**
Universidade de Lisboa

**Teresa Vergani**
Universidade Aberta de Portugal

# SUMÁRIO

**Apresentação, 9**
*Conceição Barbosa-Lima*

**Homenagem à Professora Beatriz Alvarenga Alvares, 11**
*Ruth Schmitz de Castro*

**O Discurso de agradecimento, 15**
*Beatriz Alvarenga*

**Discurso de agradecimento pelo prêmio da SBF, 21**
*Beatriz Alvarenga*

**Beatriz Alvarenga faz 100 anos, 33**
*Deise Miranda Vianna*

**Física – Contexto e Aplicações – Beatriz Alvarenga e Antonio Máximo: um livro inovador dos anos 70 com uma visão consolidada nas décadas seguintes na pesquisa em Ensino de Física no Brasil, 43**
*Glória Regina Pessoa Queiroz*

**Encontros com um livro, 51**
*Isabel Martins*

**A encruzilhada de um sonho: o conhecimento para todos, 67**
*Silvana Sousa do Nascimento*

**Beatriz Alvarenga e eu, 79**
*Arjuna Casteli Panzera*

**Como me impressiona até hoje, esta professora..., 83**
*Conceição Barbosa Lima*

**Beatriz e eu, 87**
*Helder de Figueiredo e Paula*

**Beatriz, uma lembrança inesquecível, luz no nosso caminhar de educadoras e educadores, 91**
*Francisco de Borja López de Prado*

**Minha convivência com a professora Beatriz Alvarenga, 93**
*José Guilherme Moreira*

**Beatriz e eu, 103**
*Ruth Schmitz de Castro*

**Contribuições de Beatriz Alvarenga para o Ensino de Física - foco no Ensino Médio, 107**
*Maria José P. M. de Almeida*

**Empatia, apoio e denúncia: compromissos da profa. Beatriz Alvarenga com professores e sua formação, 115**
*Orlando Aguiar Jr*

# APRESENTAÇÃO

ESTE livro é fruto da vontade dos componentes da comissão de organização do XXV Simpósio Nacional de Ensino de Física do Núcleo de Referência UERJ-UFF de render uma homenagem a professora Beatriz Alvarenga Alvares. E para isso nós convidamos os autores que você lerá nesses vários depoimentos.

Ele é composto de depoimentos, de lembranças e experiências que cada um dos autores viveu junto com Beatriz. Essas pessoas que passaram pelas "mãos de Beatriz" tiveram sua forma de olhar o mundo e a física modificados para sempre. Beatriz entrou em suas almas e deixou ali registrada sua marca.

Beatriz não tem Lattes nem Orcid, não tem cem artigos publicados, não é e nunca foi YouTuber..., mas ela foi influenciadora antes desta "profissão" entrar em moda.

Beatriz escreveu com Antônio Máximo uma coleção, em quatro volumes de um livro didático, cuja primeira edição de 1968 foi publicada pelo Centro de Ciências de Minas Gerais e logo em 1972 já se tornaram bem conhecidos e em 1997 saiu como volume único, pela editora Scipione, com mudanças expressivas de apresentação de conteúdo, logo depois passou a ser editado pela Editora Harbra e permaneceu sendo reeditado até 2010. E com ele modificou o ensino de física para muitos estudantes.

Nos vários depoimentos aqui escritos muitos relatam a importância que os livros da Beatriz tiveram em suas vidas, tanto como alunos quanto como professores.

Conversando com Anna Maria Pessoa de Carvalho a respeito de Beatriz ela me comentou que para ela, Anna, Beatriz foi marcante. Fez parte de sua banca de doutorado e depois da banca de livre docência, sempre fazendo apontamentos valiosos. O saber de Beatriz influenciou uma das maiores autoridades em Ensino de Física do país...

Além de tomar conhecimento desse depoimento espontâneo de Anna Maria, via celular para mim, devemos tirar um tempo e ler ou reler as Atas dos Simpósios Nacionais de Ensino de Física e também dos Encontros de Pesquisadores em Ensino de Física que estão disponibilizados na seção eventos da página da Sociedade Brasileira de Física (SBF), para podermos ter a dimensão do engajamento político de Beatriz, tanto no que se refere ao ensino da física no país quanto às questões da política do Brasil. Esta face de Beatriz também está contemplada em vários relatos.

Este livro ultrapassa a homenagem à Beatriz, ele pretende se tornar uma apresentação desta mulher de brio, de luta, de coragem que com o ferro de Itabira nas veias levou o magistério a todas as partes do país que teve oportunidade, nunca se furtou a responder a uma pergunta, a tirar uma dúvida, às vezes, de professores bem conhecidos, Beatriz era professora tempo integral. Se o professor do interior ia procura-la para estudar, tirar uma dúvida que fosse, encontrava, além das respostas procuradas, o pouso e alimentação em uma casa-escola que ela mantinha ao lado de sua residência, que chamava de seu escritório.

Os diversos autores deste livro têm uma Beatriz. Há uma marca indelével em suas vidas que significa o momento do encontro com a Mestra.

Mas vamos ao livro: contamos, para iniciar a conversa, com a homenagem aos seus 70 anos feita por Ruth Schmitz de Castro e a seguir seu agradecimento. Seguimos com seu discurso quando recebeu o Prêmio de Honra ao Mérito do Ensino de Física outorgado pela SBF. Estes textos estão aqui presentes para aqueles que não puderam conviver com Beatriz possam conhecê-la um pouco mais de perto e para nós recordarmos aquela voz firme e ao mesmo tempo suave com a qual ela nos estimulava a continuar na luta. Falando sobre sua influência na formação de professores leremos textos de Deise Miranda Vianna, Gloria Regina Pessoa Queiroz, Isabel Martins, Maria José P. M. de Almeida e Orlando Aguiar. Sobre Divulgação da Física, Silvania Sousa do Nascimento, e, sobre sua influência nas vidas pessoais e profissionais vêm: Arjuna Casteli Panzera, Conceição Barbosa-Lima, Helder de Figueiredo e Paula, Francisco de Borja López de Prado, José Guilherme Moreira e, mais uma vez Ruth Schmitz de Castro.

Nós esperamos que a leitura desta obra, seja útil para aqueles que não tiveram a oportunidade que nós, mais antigos no Ensino de Física tivemos de conhecermos, convivermos, aprendermos, rirmos, lutarmos, sonharmos com Beatriz. Nós temos um compromisso: continuar com o ensino da física em todas as ocasiões que se apresentarem e em todos os lugares que formos, gostaríamos que mais profissionais do ensino de física se juntassem a nós, principalmente aqueles que ainda estão jovens!

*Conceição Barbosa-Lima*

# HOMENAGEM À PROFESSORA BEATRIZ ALVARENGA ALVARES

*Ruth Schmitz de Castro*

A COMISSÃO organizadora do X Simpósio Nacional de Ensino de Física decidiu, quando da consulta a comunidade para preparação do X SNEF, homenagear a professora e pesquisadora de Física Beatriz Alvarenga Alvares pela passagem de seus 70 anos e pela sua dedicação e serviços prestados ao Ensino de Física no país nas últimas décadas. A Editora Harbra, que publica os livros de Física para o 2° grau da professora Beatriz Alvarenga, participou da homenagem oferecendo um coquetel aos convidados. o coquetel ocorreu no Buffet Samovar, de Londrina na quarta-feira, 27/01, às 21 horas. Na oportunidade, várias pessoas fizeram use da palavra. A professora Ruth Schmitz de Castro, ex-aluna da professora Beatriz Alvarenga, convidada pela organização do X SNEF a homenagear a professora, proferiu as seguintes palavras:

"Quando em julho passado, por ocasião da SBPC em São Paulo. a Comissão Organizadora deste Simpósio estabeleceu contato comigo, comunicando-me a incumbência de organizar uma homenagem a Beatriz, pelos seus 70 anos, minha primeira reação e que, diga-se de passagem, estende-se até este momento, foi de grande exultação. Como caber em mim de contente ao saber que me fora atribuída, dentro do Simpósio Nacional de Ensino de Física tal tarefa? De lá até aqui fui me inteirando, a cada dia, da responsabilidade que eu havia abraçado e que meu temperamento passional não me permitiu enxergar a extensão.

O que dizer para alguém tão importante para todos, e especialmente, pelo privilegio do convívio mais assíduo, para mim? Como expressar em palavras, em nome de toda a comunidade de físicos e professores, aquilo que resumisse o tanto que temos para rememorar, listar e agradecer? Como não correr o risco de ser repetitiva e pouco original ao homenagear alguém que há tanto tempo já vem, merecidamente, sendo homenageada pelos mais diversos setores da sociedade?

Depois de muito pensar, achei que seria desnecessário começar por fazer um relato histórico ou por enumerar os fatos e ações de sua vida que embasassem ou justificassem esta homenagem. A importância de sua atuação no ensino de Física no Brasil não precisa ser sequer citada, pois já e conhecimento de domínio coletivo.

Dizer o quanto a educação ganhou com sua escolha por uma área tão pouco prestigiada também seria cair no lugar comum.

Por isso, eu, do alto de minha arrogância, e, ao mesmo tempo, apoiada na tão decantada mineiridade, optei por dizer-lhe algo que, creio, ser aquilo o que todas as pessoas que já lhe renderam homenagens gostariam de ter dito o que, por algum motivo, não o fizeram. Creio eu, pretenciosa que sou, estar a partir de agora dizendo-lhe as palavras que todos os alunos, colegas e amigos do Brasil gostariam de dizer-lhe. Parodiando Roland Barthes, não vou falar na honra de estar aqui. A honra pode ser imerecida, como bem diz o pensador. Por isso, vou falar da emoção e da alegria, porque estas são verdadeiramente nossas, sempre por direito, apesar de brotarem à revelia do nosso comando.

Alguns mestres são extremamente competentes no que fazem e por isso nos cabe respeitá-los.

Outros, são tão sérios e dedicados àquilo que buscam que quedamos silenciosos, em reverência.

Outros, ainda, são tão brilhantes que só nos resta admirá-los. Porém, há um tipo especial de pessoas, pertencentes a uma classe especial de mestres, que são encantadas, muito além de serem encantadoras. A elas aprendemos a amar.

Acontece que costumamos ser negligentes com as pessoas que amamos. Não nos lembramos de dizer-lhe nosso amor todos os dias, como quem deseja bom dia, apesar de ser esta a nossa mais íntima vontade. Esquecemo-nos de dizer-lhes obrigado, talvez por ser imensurável nossa gratidão. Furtamo-nos, inclusive, aos nossos mais singelos carinhos, desajeitados que somos com nossos mais puros desejos.

Mas, felizmente, nós, comuns mortais, não somos de todo enrustidos. Não fomos fadados ao fracasso ou a imobilidade. Sorvemos da fonte desses mestres e, tropegamente, aprendemos o sabor de sua alegria. Vislumbramos a grandeza de suas batalhas e também erguermos os braços em luta. Acompanhamos, incrédulos, sua esperança e, em nome dela, forjamos a fogo os nossos sonhos.

E é por isto que hoje estamos aqui, Beatriz: quase como se estivéssemos num rito mágico, numa cerimônia sagrada, com o peito em oferenda. Nós, cumplices e sobreviventes de tantas de tuas lutas, camaradas em festa por tuas lutas, camaradas em festa por tuas tantas vitórias, mas, sobretudo, aprendizes de teu encanto e sabedoria. Queremos hoje juntar à nossa reverência, ao nosso respeito e à nossa admiração, esta declaração de amor.

Muito além de dizer-te OBRIGADO, queremos exaltar a alegria infinita de termos o privilégio de conhecer-te. De falar-te apenas bom dia quando quiséramos dizer-te muito mais. De trabalharmos ao teu lado apesar de saber-te à nossa frente.

E, num lampejo de extrema lucidez e razão no culminar de nossas mais renhidas conquistas intelectuais, na colheita de nossos mais profundos mistérios, dizemos-te, apaixonadamente: te amamos.

*Ruth Schmitz de Castro* | X SNEF, janeiro/1993

# O DISCURSO DE AGRADECIMENTO

QUERIDO COLEGAS, quantos companheiros, amigos presentes: Minhas palavras iniciais nesta solenidade são de agradecimento, de gratidão, a todas as pessoas que contribuíram para que esse momento se tornasse possível. Em primeiro lugar, meu reconhecimento aos companheiros presentes. e a muitos outros ausentes, com os quais tivemos o privilégio de conviver nestes dez Simpósios Nacionais de Ensino de Física. E não poderia me esquecer de homenagear, aqueles cujo convívio, infelizmente, perdemos para sempre.

Embora se apresente paradoxal, ao participar do primeiro Simpósio, ja estava quase no final da minha carreira docente e, entretanto, considero que ela, ali estava, também. praticamente começando. De fato, foi nas reuniões dos sucessivos simpósios, entre companheiros de diversas idades, adeptos das mais variadas linhas de pensamento, que encontrei espaço para debater minhas ideias sobre educação com as quais já trabalhava há muitos anos de maneira artesanal, com muito esforço e a insegurança próprios de quem caminha em estrada árdua e quase desconhecida. Foi aqui, que ouvi críticas, recebi incentivos, solidariedade e consolo. Aqui, também, encontrei quem participasse comigo nas alegrias, nas decepções, nos momentos de revolta e de eventuais sucessos... E foi, principalmente aqui, que obtive ressonância para a minha crença de que a tarefa à qual me dedicava era tão ou mais importante que outras mais valorizadas em certas academias.

Apresento, pois, a todos, autoridades, colegas, estudantes, funcionários e instituições que contribuíram para que essas reuniões se concretizassem, o meu emocionado "Muito Obrigada".

Para ser justa, deveria repartir com eles, a homenagem que estou recebendo. A SBF, de modo especial, nas pessoas de seus inúmeros membros, cujos nomes tenho de omitir, pois o tempo que disponho não seria suficiente nem para relaciona-los, quero apresentar meu reconhecimento, por todas as oportunidades que me foram proporcionadas. Contudo, peço permissão para destacar algumas pessoas: Amelia e Ernesto Hamburger, Suzana, Ana Maria, Deise, Conceição, Menezes, que são, apenas exemplos de grandes amizades feitas através da SBF, aos quais gostaria de publicamente expressar agradecimentos pelos favores recebidos ao longo desses muitos anos, as críticas construtivas, o apoio nos momentos certos e principalmente a simpatia e a ternura com que sempre me distinguiram.

Não poderia deixar de agradecer, também, a carinhosa saudação da Ruth. As tintas douradas que ela usou, enaltecendo minha luta, são compreensíveis, frente aos laços de amizade que nos une. Ex-aluna, e, hoje colega, é com certo orgulho que venho acompanhando seus sucessos no campo do ensino e é com o maior orgulho, ainda, que guardei sua bela declaração de amor. Na pessoa de Ruth, quero transmitir um grande abraço a todos os ex-alunos legítimos e a muitos adotados, que venho angariando por esse Brasil afora, com grande desvelo e honra. Refiro-me, principalmente, aos desassistidos professores de Física do 1º e 2º graus, com os quais mais aprendi do que orientei, que me propiciam trocas constantes de experiências, de sabedoria e de valores, indispensáveis ao nosso crescimento.

A todo o corpo de colaboradores do Departamento de Física da UFMG, onde passei e vivi grande parte da minha existência e que me distingue, fazendo-se representar nesta solenidade, meu preito de eterna gratidão. Ao professor Marcio Quintão, um dos colegas mais destacados, mas sobretudo um grande amigo, que veio de viva voz trazer-me esta surpresa e que tem partilhado comigo preocupações, explosões de ira e de desânimo, lamentações, mas também alegrias e entusiasmos, meu agradecimento comovido.

A Harbra, nas pessoas de Maria Pia e Julio, os meus agradecimentos sinceros par toda a colaboração que vêm prestando ao nosso trabalho.

Eu estava faltando com a verdade para comigo mesma e para com todos os que aqui estão presentes e se lhes dissesse que este momento é repleto de contentamento. As reações do nosso coração são difíceis de serem traduzidas e os sentimentos formam, não raramente, dentro de nós, combinações que não deciframos.

Certamente é alegria que me invade, quando me ponho a considerar a enorme recompensa que esta homenagem representa para mim.

Se, porém, me concentro sobre os sentidos desta cerimônia, uma preocupação não tarda a vir mudar o rumo destas emoções: sinto que não estou, apenas, completando mais uma etapa da minha vida, revejo muitas cenas do passado, procuro pensar o que foi feito, lamento oportunidades perdidas, levando objeções sobre o mérito da homenagem...

E este encontro com o destino, quase cumprido, não se dá sem amargura...

Mas, ainda, um terceiro sentimento vem combinar-se ao júbilo e à ansiedade que esta solenidade encerra para mim. Apesar de terem sido os meus 70 anos, o marco que deu origem à honra que estou recebendo, ela tem o efeito de fazer renascer em mim o entusiasmo, o estímulo para continuar na luta, para partilhar a tarefa que nos impusemos, já que ainda carregamos a sensação do dever cumprido.

Em outras circunstâncias, se fosse mais jovem, provavelmente teria sem inquietação, orgulhosa, aceito logo a consideração com que me distinguem.

Agora, porém mais vivida, imediatamente me assalta a dúvida sobre a viabilidade da luta, já que os anos se avolumam, já que nossas forças vão se desgastando...

Neste misto de emoções, minha primeira reação foi de recusar a homenagem, quando, apesar do sigilo, a notícia vasou até meus ouvidos. Entretanto, a lembrança de uma pequena estória, contada pelo escritor Humberto Eco, que sempre me serve de advertência em momentos como este, acabou mudando o rumo desta decisão. Peço-lhe, pois, permissão para reproduzir, mais uma vez, uma versão resumida dessa espécie de fábula.

Ela se passa quando ocorreu a inundação de um rio, próximo a pobre casa de um camponês chamado Rômulo. Ficando ilhado pelas águas que subiam até suas janelas, ele se ajoelhou diante de uma imagem sagrada e rezou ao bom Deus, pedindo-lhe para salvá-lo. Uma voz desce do alto e lhe promete:

— Não tema meu filho, confie em mim, eu te salvarei.

Pouco depois passa ali uma patrulha de salvamento e lhe gritam:
— Ei! Rômulo, saia daí, senão vai acabar mal.

O camponês responde: — Podem seguir. Ajudem aos outros que me arrumarei sozinho.

A água continua a subir e Rômulo se refuja no telhado.

Passa outra patrulha e alguém o convida a pular para o barco, mas ele informa que possui outra forma de salvamento. A água sobe mais ainda e Rômulo é obrigado a se agarrar na chaminé. Uma terceira patrulha o adverte do perigo, apontando-lhe um lugar no barco. Mais uma vez Rômulo recusa-a ajuda, confiando no socorro celestial.

No final, a água acaba cobrindo também a chaminé e o camponês, que não sabia nadar, se afoga.

Indignado, ao chegar ao Paraiso, vai direto reclamar a Sao Pedro, perguntando-lhe, porque seu chefe não manteve a palavra. Sao Pedro se surpreendeu, pois naquelas bandas era usual o cumprimento das promessas feitas c apressou-se a consultar os registros. Chegou então sua vez de enfurecer-se.

— Como pode você nos criticar, dizendo que nos esquecemos de você! Nós lhe enviamos três patrulhas de salvamento e você as recusou! Três patrulhas!...

Refletindo sobre o argumento da estorinha, isto é, ao castigo, o momento que passa e que com frequência é reconhecido, conclui que, provavelmente, vocês, neste momento, estão me enviando a última patrulha de salvamento.

Este seria, pois, o meu instante crucial, a oportunidade que me e dada e a qual pretendo me agarrar, de continuar "vivendo" no sentido que dou a esta palavra. Acresce a esta decisão o fato de ter verificado que ao completar 70 anos confiando nos progressos da ciência, posso acreditar que o fim pode não estar tão próximo, como soe acontecer. Assim, ainda terei tempo de me dedicar aos meus infindáveis sonhos educacionais, sonhos de poder levar nosso país para uma situação menos triste. De outras formas poderia continuar com vida biológica, carregando a sensação de uma tarefa interrompida, mas não vivendo plenamente.

Percebi, ainda, que o tempo não é a condição única e suficiente para a realização de nossas aspirações. No meu caso, faltando-me o convívio que estas reuniões propiciam, faltando as discussões, as controvérsias, as trocas de ideias, características deste ambiente, certamente, não conseguiria produzir. Seria como se me faltasse o ar que respiro. Esta homenagem evidencia a complacência com que aqui é avaliado um trabalho artesanal, é verdade, mas desenvolvido com muita dedicação. Quero, pois, usufruir, uma vez mais, desta benevolência, solicitando-lhes a atenção para alguns comentários, que julgo pertinentes na contingencia atual do nosso país.

A Sociedade Brasileira hoje oferece um exemplo perfeito da crise, determinada pela perda de eficácia do poder criador da classe dirigente. Os que se acham no comando não so perderam gradualmente o poder de encontrar solução para os diversos problemas que afligem a sociedade, como passaram a criar, eles próprios, outros problemas graves que nos angustiam ainda mais.

Entre aqueles problemas ressalto a perda do poder de transmissão do acervo cultural, através da educação.

Quando isto ocorre cabe papel importante a nossa classe, aos professores do país, pela capacidade que devemos ter de nos desprender, pelo raciocínio, dos processos sociais do qual participamos, de medir sua extensão, de verificar seu sentido e de apontar meios de retificá-los.

Pode, assim, partir de nós uma palavra de advertência a classe dirigente, ou, se o processo de deterioração for inevitável, nossa lição poderá influir, beneficamente, no advento da classe dirigente de amanhã, no sentido de recuperar os valores e preservar o máximo de paz social e de continuidade certo que na perda de poder criador da sociedade temos a confessar grandes culpas.

Se há problemas novos sem solução técnica adequada, se há problemas antigos, anteriormente resolvidos, cujas soluções se tornaram obsoletas sem serem oportunamente substituídas, se as organizações educacionais públicas não logram dar resposta ao anseio de formação profissional e científica que irrompe da população se aparecem novas técnicas que nosso meio não aprendeu e assimilou, em grande parte isto se deve ao alheamento e a burocracia estéril de nossas escolas, que passaram a ser meros centros de transmissão de conhecimentos tradicionais, descartando o debate dos problemas vivos, o exame das questões permanentes ou momentâneas de que depende a expansão e mesmo a existência da comunidade.

Daí necessitarmos hoje de uma revisão de nossa atuação, para recuperação plena do papel elaborador dos novos instrumentos de cultura que a vida social reclama.

Essa reconstrução seria apenas um capítulo, mas um capítulo muito significativo, do processo de reconstrução e recuperação social que vem se desenvolvendo em nosso país, sem orientação governamental, sem rumos definidos conduzidos pela vitalidade do nosso povo e pela sua constante aspiração a um nível mais alto de existência, dentro de quadros institucionais autênticos e duráveis.

Espero que saibamos cumprir o nosso papel nossa recuperação social, que saibamos nos unir à comunidade para exigir o cumprimento dos preceitos legais estabelecidos e que nos empenhemos no processo de estabelecimento desses preceitos, sobretudo aqueles que reflitam nossas preocupações educacionais.

Conclamo, pois, a todos para participarem deste grande esforço, a se incorporarem nesta batalha e a denunciarem possíveis afastamentos desses propósitos.

E para terminar, uma promessa: Se ainda tiver força, e acredito que as terei após esta grande demonstração de carinho e amizade que estimularia até os mais descrentes, prometo lutar até a morte, pela causa de nossa educação, na qual nós estamos mergulhados até a cabeça.

Felizmente ainda há um razoável contingente de entusiastas e idealistas que brigam por uma educação pública de excelência, acessível a todas as classes. Vocês, frequentadores dos simpósios de ensino de Física, estão entre os líderes representantes deste grupo e espero, modestamente, poder continuar pertencendo a ele. Obrigada!"

*Beatriz Alvarenga Alvares* | X SNEF, janeiro de 1993

XII Simpósio Nacional de Ensino de Física
Belo Horizonte, MG., 27 a 31 de janeiro de 1997
Sociedade Brasileira de Física

## DISCURSO DE AGRADECIMENTO

AO ACOLHER essa homenagem, certamente a mais significativa que recebi em minha longa carreira de trabalhadora do ensino, quero agradecer comovida a todas as pessoas que colaboraram para que esse caminho pudesse ser trilhado: parentes, amigos, colegas, funcionários das instituições nas quais atuei, ex-alunos, professores do 1º, 2º e 3º graus, todos que lutaram comigo ombro a ombro nas batalhas que tentei empreender, que influíram nas oportunidades que me foram oferecidas, que partilharam dos meus momentos de alegria e eventuais sucessos, que me consolaram nas dificuldades e decepções.

Ao apresentar a todos o meu emocionado "muito obrigada", desculpo-me por omitir nomes, do enorme rol que deveria aqui listar, pois o tempo de que disponho seria insuficiente para isto, tantos são aqueles com os quais, para ser justa, devo repartir a honra que ora recebo.

De maneira especial, dirijo-me aos colegas que compõe a comissão de ensino da Sociedade Brasileira de Física e à comissão local, organizadora do XII Simpósio Brasileiro de Ensino de Física, os quais indicaram meu nome para ser alvo dessa distinção, agradecendo-lhes o privilégio que me concederam. Aos membros do Conselho da Sociedade de Física, aqui representado pelo seu presidente, prof. Francisco Cesar de Sa Barreto, que instituiu a medalha de Honra ao Mérito no Ensino de Física e ratificou a indicação do meu nome, também de público manifesto minha gratidão.

Finalmente, não podia deixar de manifestar meu reconhecimento ao Prof. Ramayana Gazinelli, pela carinhosa saudação que acaba de me fazer. Ex-aluno, colega, chefe, sempre acompanhei sua carreira e sou testemunha da seriedade com que desenvolve seu trabalho e do sucesso que alcançou nos diversos cargos que ocupou. E com orgulho e satisfação que guardarei suas palavras. Recebo-as, porém, mais como as de um grande amigo. Obrigada por ter compartilhado comigo em todos esses longos anos de convivência, preocupações, desânimos, lamentações, mas também, alegrias, entusiasmos e vitórias. Estendo esses agradecimentos à Alzira, da qual sempre recebi incentivos e manifestações de carinho.

A maioria dos que aqui estão presentes, já me conhecem de longa data e sabem que estou sendo sincera ao afirmar que não me sinto bem em ocasiões como esta. De fato, minha primeira reação ao ter notícia da homenagem, foi de recusar a medalha e tomar decisão semelhante à do meu conterrâneo ilustre, Carlos Drummond de Andrade, que simplesmente não aceitava as honrarias que tentavam lhe prestar.

Este momento não se apresenta pois, para mim, repleto de felicidade, como talvez devesse ser, para quem recebe um prêmio tão significativo. O encontro com o destino, praticamente cumprido, que esta solenidade me faz lembrar, provocam, em mim, certa confusão: as reações do cérebro e do coração se misturam, tornando-se difícil decifrá-las.

A alegria que sinto pelo reconhecimento do meu esforço — é assim que me enxergo, uma esforçada inveterada — se confunde com o flashback de cenas do passado, com sentimento de frustração por oportunidades perdidas e dúvidas me assaltam sobre o mérito da homenagem. Essas lembranças e reflexões não ocorrem sem amargura.

Após o impacto inicial, pensando um pouco mais, acabei por mudar o rumo da minha primeira reação, o que sempre acontece comigo, mas não com o Drumond. Talvez a porcentagem de ferro em sua alma itabirana fosse maior do que a da minha e por isto ele se mostrou mais forte e menos vaidoso. Provavelmente, por isto, aqui estou…

Não pretendia lhes tomar mais tempo com meus "complexos de culpa", mas, segundo a programação desta cerimônia deverei lhes falar sobre o meu trabalho e o ensino da Física.

Na minha idade e tendo começado a lecionar aos 16 anos, vocês podem imaginar que teria muita história para contar. Como nossa memória vai se desgastando com o passar dos anos, para atualizar minhas lembranças teria que escarafunchar os "ninhos de rato" dos meus arquivos. Deste modo poderia descrever, por minhas próprias observações, a evolução do ensino de Física no Brasil durante 60 anos, desde 1935, quando comecei a estudar ciências no ginásio, até os nossos dias, pois até hoje, tento me manter atualizada sobre o "estado da arte" nessa área.

Mas, não se assustem, não vou lhes pregar essa peça, observem que todos os verbos foram escritos no condicional e eu não iria impor esse sacrifício a pessoas que estão me homenageando. Hoje, lhes apresentarei apenas alguns flashes dessa novela.

Vamos começar analisando o que ocorria no Brasil, com o ensino de Física, na 2ª metade da década de 30. Em um colégio de Belo Horizonte, considerado de bom nível, que educava com esmero senhoritas da sociedade belorizontina, praticamente nada se aprendia de Física, de Química ou de Biologia. Enquanto isto, o ensino de Matemática e outras matérias (Português, Francês, Inglês, História, etc.) já era bem razoável. Qual seria a causa dessa diferença? Os professores que lecionavam as disciplinas cientificas eram improvisados, sem formação específica, enquanto o de Matemática era engenheiro, professor de Cálculo na Escola de Engenharia, e com bom conhecimento da matéria (a formação matemática para os engenheiros era bastante enfatizada). Outro fator seria a qualidade dos livros didáticos. Quase todos eram publicados por uma única editora F.T.D. (que existe ainda hoje). Os manuais de Física da F.T.D. se limitavam a apresentar algumas "noções de cousas", definições das grandezas mais conhecidas (mesmo aquelas que não deveriam ser) e uma copiosa descrição de aparelhos. Não propunham exercícios, problemas ou atividades experimentais e, a avaliação da aprendizagem era feita apenas para testar a memorização dos tópicos estudados. Sai do ginásio (um curso secundário de 5 anos, feito após um primário de 4 anos) sem saber o que era uma lei física e sem conhecer qualquer uma delas: nem as leis de movimento de Newton, nem as da termodinâmica e muito menos as do eletromagnetismo. Sabia, apenas de cor o enunciado de alguns princípios, sem entende-los. Por exemplo: a lei de Newton da gravitação, "a matéria atrai a matéria na razão direta das massas e na razão inversa do quadrado das distâncias; o princípio de Arquimedes, "todo corpo mergulhado em um fluido recebe um impulso vertical de baixo para cima igual ao peso do fluido deslocado"; a lei de Boyle e as leis da reflexão e da refração, enunciadas de maneira semelhante.

Na primeira metade da década de 40, já na Escola de Engenharia, poucas alterações haviam em nossos cursos: professores alguns bons e competentes e, outros péssimos. Os livros eram ainda escassos e os caderninhos de anotações vigoravam, acentuando ainda mais a influência do professor no processo de aprendizagem. Nas matérias que o professor adotava um texto adequado e o seguia, a aprendizagem era bem melhor, apesar de quase todos os textos serem em outra língua: francês e inglês (mais frequentemente) e italiano. As traduções em espanhol eram escassas.

Infelizmente, esta situação do ensino de Física ainda prevaleceu por muitos anos e até hoje não desapareceu totalmente. Vocês devem estar pensando, "já vi este filme": o professor não é habilitado, não adota livro texto e passa no quadro algumas noções bastante sucintas que o aluno deve copiar e decorar.

Dando um salto (cerca de 10 anos) estamos no início da década de 50. Já havia me formado em Engenharia (em 1946) e já lecionava física no Colégio Estadual de Minas Gerais, no Colégio Santa Maria (das Dominicanas) e em alguns cursinhos. As faculdades de filosofia, recém- fundadas em alguns estados brasileiros, já ofereciam cursos superiores para a formação de professores secundários (início da preocupação com esta formação, embora, já tivéssemos, desde a 1ª metade do século 19, escolas secundárias especializadas na formação de professores primários). Alguns professores de Física, no Rio de Janeiro e em São Paulo já tinham formação específica, mas em Minas Gerais a Licenciatura em Física foi iniciada com certo atraso em relação a outras, em Matemática, por exemplo. Assim, aqui eram ainda farmacêuticos, médicos, engenheiros (raramente, pois o número deles era pequeno e, geralmente, ocupavam cargos mais técnicos), ou mesmo curiosos pela matéria, sem curso superior, que lecionavam física. Já havia, porém, um maior número de livros didáticos disponíveis, que nós professores podíamos adotar, embora fossem ainda descritivos, sem exercícios, nem sugestões de trabalhos experimentais e, alguns raros, com tratamento matemático bastante acentuado. Não parecia ser importante, para os autores, atingir a sistematização dos conceitos. Quanto aos exercícios de aplicação, nessa época, surgiu um livro "900 exercícios de Física" (de autoria de um engenheiro professor da Escola Politécnica da USP, Eduardo Celestino Rodrigues) que foi largamente usado por várias gerações de estudantes, até surgir o hábito, em textos mais recentes, de serem ali inseridos, pelos próprios autores, após o desenvolvimento teórico de cada capítulo, grandes listas de exercícios.

Alguns físicos brasileiros, que se pós-graduaram nos Estados Unidos e passaram a lecionar no Instituto Tecnológico da Aeronáutica (ITA), mostravam-se preocupados com a situação precária do ensino de Física, principalmente em nossas escolas secundárias, julgando que isto poderia comprometer o nosso desenvolvimento. Também nos Estados Unidos, onde os recursos financeiros destinados à educação eram muito mais elevados que os nossos, essa mesma preocupação estava incomodando os pesquisadores e cientistas que se dispunham a colaborar para reverter o quadro de baixo nível do ensino secundário daquele país.

Sob a coordenação do físico e professor do ITA, Paulo Amus de Pompeia, foi programado um curso de aperfeiçoamento para professores de Física de todo o Brasil, que seriam hospedados nas dependências do próprio Centro Tecnológico. De Minas Gerais, lá comparecemos, um médico, uma engenheira e um químico (hoje, Ministro da Ciência e Tecnologia) e lá permanecemos durante um mês (duração do Curso). Julgo ter sido ali que fui incentivada a prosseguir em minha carreira docente no campo da Física, abandonando, então, o ensino da Matemática que eu também lecionava. Foi muito importante para nós convivermos com os principais físicos brasileiros da época: Leite Lopes, Jayme Tiomno, César Lates, Oscar Sala, Abrão de Morais, além do Prêmio Nobel de Física, Richard Feynman, que estava no Brasil e, também, compareceu a São José dos Campos, pronunciando conferências e democraticamente participando de debates conosco. Ao longo de todo o curso contamos com a assistência direta do Prof. Pompeia, do Prof. Cintra do Prado (da Politécnica da USP) e de outros professores do ITA.

Embora o objetivo primordial do curso fosse incentivar os professores a introduzir atividades experimentais em suas aulas, pudemos nos beneficiar enormemente, também em outros aspectos, em que nossa formação, não específica, apresentava diversas deficiências. Os cursos do ITA tiveram continuidade durante mais alguns anos, aperfeiçoando um razoável número de professores da nossa geração, mas, infelizmente, acabaram sendo interrompidos. Foi em um deles, que foi dada a sugestão de se traduzir o texto americano, que no Brasil, passou a ser conhecido pelo nome de um de seus autores: Blackwood. A tradução cuidadosa, feita pelos físicos Leite Lopes e Jayme Tiomno, proporcionou aos professores brasileiros uma interessante alternativa de livro didático Ao contrário da totalidade dos textos publicados no Brasil, na época, o Blackwood fazia o uso parcimonioso da Matemática, relacionava a física com fatos que ocorrem em nosso cotidiano e era prodigo em sugestões de atividades experimentais. Seu uso embora restrito a um certo grupo de professores, se prolongou por muitos anos, mas ultimamente saiu de circulação.

Novo salto e chegamos a janeiro de 1970. O Primeiro Simpósio de Ensino de Física, organizado sob a coordenação do Prof. Ernesto Hamburger, estava sendo realizado com um grande número de professores de vários Estados brasileiros, a grande maioria, constituída por professores universitários. O número de professores de Física, com habilitação na área, havia crescido bastante, mas, como o ensino de 2° grau também houvesse expandido, percebia-se ainda grande carência de professores diplomados nos cursos de Licenciatura em Física. Em Minas Gerais, com a fundação do Colégio Universitário (1965) já havíamos experimentados o uso do PSSC, projeto de Ensino de Física, desenvolvido nos Estados Unidos e exportado para diversos países. Foi, talvez a primeira experiência feita no Brasil, com um projeto de ensino, usando todos os recursos instrucionais produzidos pela imensa equipe que o desenvolveu (cerca de 300 pessoas): livro texto, manual de laboratório, manual do professor, filmes e material experimental. Coordenei a implantação da proposta e o primeiro empecilho foi a dificuldade para obter professores competentes para trabalhar com os novos textos, com um tipo de trabalho experimental, muito diferente daqueles que eventualmente costumava ser desenvolvido em alguns poucos colégios.

A experiência foi difícil e trabalhosa pois a própria tradução do texto se constituiu em problema. No 2º semestre, quando necessitávamos dos 3º e 4º volumes para o estudo do eletromagnetismo e da Física Moderna, os editores não os colocaram à venda. A própria equipe do Colégio (3 professores licenciados em Física, 5 engenheiros, 2 monitores e um laboratorista) fez a primeira tradução e imprimiu os textos, em mimeógrafos, para serem usados pelos alunos. Estes mostravam-se satisfeitos, por estarem entrando em contato com uma física diferente daquela com que estavam acostumados: os conceitos eram discutidos e compreendidos, os trabalhos práticos e os filmes lhes auxiliavam nessa compreensão e propiciavam uma aprendizagem mais significativa.

Talvez, aqueles que mais se beneficiaram com a experiência, tenham sido os membros da equipe citada. Além de aprenderem muita física, tiveram a oportunidade de se relacionarem com um material inovador, apresentando uma física bastante conceitual com profundidade maior do que era costumeiro, mas usando menos matemática do que os textos mais adotados no Brasil. Após um ano de exercício, engenheiros que nunca haviam ensinado física, estavam prontos para repetir o Curso, mesmo sem a supervisão e se entusiasmavam com a tarefa.

Mas voltemos ao I Simpósio de Ensino de Física. Relendo os anais desta reunião é difícil perceber que o problema crucial da época (provavelmente o problema permanente do nosso ensino em geral) era a falta de professores habilitados e os baixos salários dos profissionais do ensino.

Peço licença para inserir aqui alguns trechos das sínteses e conclusões dos assuntos discutido neste I Simpósio, apresentadas na seção de encerramento. Essas sínteses foram organizadas por três professores, Oscar Ferreira, Alberto Maistegui e eu, solicitados pelo Prof. Hamburger, para atuarmos como uma espécie de observadores das atividades.

"A mim me parece que, com apenas algumas exceções, houve concordância em se considerar como problema central, a deficiência de número e da qualidade dos professores (tanto no ensino médio como no de graduação ou pós-graduação). O motivo dessa deficiência, talvez, seja a falta de interesse despertada pela carreira de professor de Física. Haja vista o pequeno número de estudantes que se dirigem para o curso de Física. Ao que me parece, houve também concordância em se reconhecerem como causas prováveis dessa falta de interesse, as seguintes:

• a dificuldade da carreira, confrontada com os benefícios financeiros que ela oferece. Apesar do mercado de trabalho ser amplo, as remunerações são, em muitos casos, ridículas

• o descaso com que as Faculdades de Filosofia, Institutos de Ciências e entidades responsáveis pela formação de professores, tratam essa tarefa.

No momento em que conseguirmos formar maior número de professores bem preparados, eles mesmos escolherão seus textos, farão seus programas, serão capazes de estabelecer claramente quais são os objetivos que, na sua região, ambiente social ou em seu nível de ensino, deverão nortear seus trabalhos.

Tentaremos resumir, em poucas palavras, o que foi discutido e o que pudemos concluir das conversas que mantivemos nos pequenos horários de folga e intervalos.

- Que seja feito completo diagnóstico da atual situação do ensino médio da Física e encaminhado as autoridades competentes para que elas providenciem a respeito.
- Que a SBF exerça trabalho efetivo junto as Faculdades de Filosofia, a fim de que se dê maior atenção aos cursos de formação pedagógica.
- Que a SBF promova ou incentive a promoção de cursos de atualização e aperfeiçoamento do professorado do ensino secundário.
- Que a SBF procure olhar também o problema do ensino das Ciências na escola secundária, a fim de melhorar o nível dos alunos que ascendem ao curso colegial."

"Mi siento a qui como si estuviera en la Argentina: los mismos problemas. Si al hacer alguna afirmación, o comentario, me equivoco o digo algo inconveniente, por favor interpretelo como referida a la Argentina.

También he oido a un profesor expresar su convencimiento de que se debe realizar una campaña entre los jovenes para despertar vocaciones de profesores de física, informandolos de la carrera, y lograr una concientización profesional y vocational. Por lo que yo se referido a la Argentina, y transladóndolo al Brasil creo que tiene razón. Pero sabiendo las condiciones económicas y profesionales en que se desenvuelven los profesores, siempre habrá jóvenes con el desprendimiento y con la fuerza espiritual para querer realizar la tarea. Sera um milagro ..., pero yo creo en los milagros."

Não quero lhes penalizar continuando com essa "lenga-lenga". Preferi comentar os fatos mais antigos, porque só mesmo eu, em virtude da idade, conheço mais de perto. Após a instituição, dos Simpósios, realizados inicialmente de 3 em 3 anos e agora de 2 em 2, a evolução dos acontecimentos pode ser acompanhada pela leitura de suas atas, ou por artigos publicados na Revista de Ensino da SBF e no Caderno Catarinense de Ensino de Física. Essas publicações, mantidas a duras penas, por um reduzido número de professores, dos quais destaco os nomes de Marco Antônio Moreira, Sônia e Luiz Peduzzi e dos membros de suas equipes, são exemplos vivos do heroísmo e dedicação necessários aos trabalhos relacionados com a educação.

Não é facil medir, ou mesmo fazer apreciação qualitativa dos progressos alcançados neste período na área do ensino de Física. Embora as atas do Simpósio e as duas revistas citadas (além de alguns trabalhos das teses de mestres e doutores da área) sejam os principais documentos que dispomos para pesquisar o que vem ocorrendo nessa área, muitos outros fatos se passaram nos bastidores, não sendo bem documentados, principalmente no período da ditadura (1964 a 1984). Se forem descortinados, desvendarão outros heróis, que lutaram denodadamente pela causa e até mesmo perderam o ânimo, retirando-se da luta. Essas histórias, certamente, cairão no esquecimento se alguém não se dispuser a registra-las em trabalho de maior fôlego. Quem sabe, um dia me anime a realiza-lo, se ainda tiver forças?

Entre aqueles fatos, uns de caráter nacional e outros regionais, poderia citar, por exemplo, as dificuldades encontradas no trato com as autoridades de vários níveis: batalha contra as arbitrariedades dos atos institucionais, contra aspectos da reforma universitária, contra a lei 5.692, contra influências em nossa legislação de ideias ditadas por órgãos externos com interesse escusos, contra a implantação da resolução 30/71 e suas consequências nefastas em nossa educação, que até hoje perduram; luta pela obtenção de direitos e verbas para a pesquisa na área e para a representação em comissões instituídas pelos órgãos financiadores etc.

Finalmente, fazendo um balanço geral do ensino de Física, desde aquela época até hoje, podemos detectar pontos que estão a exigir enorme dedicação e ainda maior esforço para que grandes problemas a eles relacionados sejam equacionados. A frente de qualquer outro está a questão da melhoria de formação e do crescimento do número de professores habilitados, intimamente relacionada com o problema da obtenção de salários condignos, melhores condições de trabalho, aperfeiçoamento e atualização dos docentes.

Mas penso que podemos ser otimistas, pois conseguimos nesse período várias vitórias. Lembrando que estamos batalhando com problemas educacionais, os quais, em geral, demandam longo tempo para serem solucionados e que muitas vezes nem podem ser resolvidos totalmente (haja vista o seu caráter internacional), julgo que temos obtido um progresso razoável, distribuído em todo o país, embora não uniformemente. Principalmente, se compararmos a Física com outras áreas de nossa educação, podemos sentir uma certa satisfação ... Não uma euforia

Estabelecendo-se um paralelo entre a programação dos primeiros simpósios e dos atuais fica patente o progresso em alguns setores. Até o IV e V Simpósio, talvez, a maior parte do tempo foi ocupada com o reconhecimento do terreno e com o levantamento dos principais problemas que o afetavam (evidenciados pelo grande número de mesas redondas).

Pouco a pouco, passaram a ser oferecidos alguns cursos e oficinas, cujo número cresceu paulatinamente, alcançando agora, no XII simpósio, um número superior a 50 cursos e 11 oficinas! Como isto poderia acontecer naqueles velhos tempos? Não havia nem professores nem alunos em número suficiente.

Outro aspecto que mostra a melhoria da qualidade de ensino é o número de painéis e exposições orais de trabalhos, os mais variados, apresentados pelos professores, inclusive pelos de 2º grau, mostrando a evolução de pesquisas na área. É verdade que ainda há necessidade de maior divulgação dessas pesquisas entre os professores de 2º grau pois a maioria desconhece seus resultados e a importância de sua realização, ignorando como esses resultados poderiam ser utilizados.

Um fato que me preocupava bastante nos primeiros simpósios era a baixa frequência de professores do 2º grau, uma das causas do problema mencionado acima. Neste Simpósio só em Minas Gerais, estão sendo previstas 600 inscrições de professores do 2º grau.

Evidentemente, estes progressos não ocorrem por milagre, são frutos do esforço de um grande número de pessoas, professores e pesquisadores que vem se envolvendo nessa batalha cujos nomes como já disse não teria tempo de listar e aos quais, ainda, só me referi, indiretamente. Dirijo-me, pois, a esses jovens, que para mim são os menores de 70, isto é, a algumas gerações dos presentes. Quero lhes agradecer o entusiasmo e a perseverança com que vem enfrentando esses problemas e a grande contribuição que prestam a educação nacional por realizarem esse importante tarefa. A todos o meu apelo para que não abandonem a arena tão cedo! Aos mais jovens, de verdade, que estão chegando agora, principalmente aos estudantes das Licenciaturas, Mestrados e Doutorados, uma convocação especial: sigam os exemplos de seus mestres e deem prosseguimento a esse trabalho.

Obrigada por contribuírem para que meus sonhos, pouco a pouco sejam concretizados.

*Beatriz Alvarenga* | Universidade Federal de Minas Gerais – UFMG

# BEATRIZ ALVARENGA FAZ 100 ANOS

*Deise Miranda Vianna*

Q UANTAS gerações tiveram em mãos seus livros, participaram de seus cursos e de suas conversas. Antônio Máximo e Beatriz Alvarenga mudaram a maneira de vermos a Física, escreveram livros, com várias edições em português e traduzidos para outros países.

Conheci Beatriz Alvarenga quando participei do II Simpósio Nacional de Ensino de Física- SNEF[1] (1974), em Belo Horizonte, sendo ela uma das coordenadoras.

Já tinha muito interesse pelo ensino de Física, pois minha formação em educação se iniciou quando frequentei o Instituto de Educação, antigo "Curso Normal", lecionando em escola primária. Em 1973, me formei pelo Instituto de Física da Universidade Federal do Rio de Janeiro (UFRJ), em Bacharelado e Licenciatura. Assim, no ano seguinte me aventurei a ir a Belo Horizonte, para participar do SNEF. Como ir, como participar, quem encontrar... todas a dúvidas possíveis. Mas fui acolhida pela professora Beatriz, me recebendo em sua casa... Na época, não sabia muito sobre ela, somente sobre seus livros. Mas como foi bom... principalmente pelo pãozinho de queijo pela manhã, feito na hora pela sua secretária, antes de irmos para o evento. Inesquecível, apesar dos 50 anos passados!!!

## Mas precisamos falar dos SNEFs e da atuação de Beatriz Alvarenga...

O primeiro SNEF foi realizado em 1970, organizado pela Sociedade Brasileira de Física (SBF), em São Paulo. Muito já se falava sobre as deficiências do ensino de Física, no Brasil. O corpo acadêmico em Física propôs uma reunião de educadores, pesquisadores e alunos de Física, com o objetivo de abrir a discussão e encaminhar soluções. O presidente da SBF naquele momento era o José Leite Lopes, pesquisador renomado já na época e preocupado com ensino de Física. Como resultado daquele SNEF[2] (SBF, 1970), encontramos:

---
[1] Todo material citado sobre SNEFs podem ser encontrados em https://bit.ly/47tp6y4.
[2] Será mantida a ortografia original.

> No que se refere às conclusões do Simpósio, foram aprovadas por unanimidade na Assembleia Geral de Encerramento as seguintes moções: 1 — Que a Sociedade Brasileira de Física, em colaboração com as Sociedades de Física de outros países, elabore um projeto de cooperação latino americana para coordenar os esforços que se fazem em pesquisa sobre ensino de Física. 2 — Que o atual cargo de Secretário de Ensino, na Diretoria da Sociedade Brasileira de Física, seja desdobrado em dois, um para ensino secundário, outro para ensino superior. 3. — Que seja instituída uma comissão da Sociedade Brasileira de Física (Comissão de Assuntos de Ensino) — coordenada pela Diretoria (pelo Secretário de Assuntos de Ensino) para estudar objetivos, programas, currículos e métodos de ensino, e, com base nos trabalhos do Simpósio, acompanhar a execução das recomendações das moções dirigidas às autoridades. Nomes sugeridos para a Comissão: Rámayana Gazzinelli (presidente), Beatriz Alvarenga, Márcio Q. Moreno e Armando Lopes (MG),.....”

E outros pesquisadores, representando as diferentes regiões do país.

Assim Beatriz Alvarenga já era conhecida e poderia colaborar com outros pesquisadores para a melhoria do ensino de Física.

Sua participação foi marcante.

O surpreendente é que no I SNEF, portanto há 53 anos, encontramos e reproduzimos suas posições como palestrante.

São várias afirmações, que nos parecem atuais para os dias de hoje. Após agradecer o convite, diz

> "E por que devemos debater este tema? Há problemas com o ensino da Física em nosso País? Já em 1955, em São José dos Campos, num encontro de Professores de Física, o Prof. Cintra do Prado, em sua conferência, dizia: "O Ensino da Física entre nós, não está certo, nem quando à matéria, nem quanto ao método" (p. 13).

Continuamos com as mesmas questões...nada de novo.

Na página 18, ousa formular hipóteses para o fracasso no ensino:

> (...) hipótese sobre as principais falhas observadas e que julgamos ser, quase geral, em nossas experiências didáticas:
> 1 — O esforço do professor é muito grande, e o resultado obtido é pequeno.
> 2 — A aprendizagem do aluno terá realmente valor na sua carreira?
> 3 — As aulas, em sua maioria, não despertam interesse dos alunos.
> 4 — O número de informações fornecido é muito grande, de tal forma que sua retenção é impossível.
> 5 — O ensino é livresco e acadêmico, e os professores pouco tocam em problemas mais concretos.
> 6 — O ensino dá pouca ênfase à formação de atitudes, valores e habilidades.
> 7 — A disciplina é severa, sendo desagradável para o professor e para o aluno.
> 8 — A avaliação é feita visando apenas ao conhecimento que, na maioria das vezes, é baixo.
> 9 — Não há uma definição da filosofia adotada, isto é, não se sabe que transformação se espera, nos estudantes.
> 10 — A competição entre alunos é grande, agressiva e até mesmo doentia.

Seu discernimento sobre a precária situação do ensino do país fica evidente. Neste Simpósio foram apresentadas algumas iniciativas como "inovadoras" e com sucesso. Mas Beatriz, com o pé na escola, questionou uma professora:

> (...) Por exemplo, a professora nos disse que um dos objetivos de ensino era ensinar o menino a pensar; quero saber se foi pensado, no projeto, um modo de medir isso. Às vezes, nós estabelecemos um objetivo, mas não podemos, absolutamente, medir se o objetivo foi alcançado ou não...

Até hoje presenciamos financiamentos governamentais, com bons objetivos, mas que são executados por "doutores" das academias, que nem sabem sobre as questões da Educação Básica. O que a Beatriz fala sobre avaliação, não foi percebida até hoje por muitos projetos que deveriam ser executados em parcerias com os professores atuantes no ensino fundamental e/ou médio.

A SBF seguiu com os SNEF e o segundo aconteceu em Belo Horizonte, coordenado pela Beatriz, em 1973, mas com as Atas publicadas em 1974. O grupo de Minas Gerais promoveu uma ampla discussão sobre todos os níveis de ensino de Física, estando presentes: Ernest Hamburguer, Antonio Maximo Ribeiro da Luz, Claudio Z. Dib, Marco Antonio Moreira, Giorgio Moscati, Fuad Daher Saad e muitos outros, que estarão presentes em outros eventos, e propondo modificações no ensino de Física, através de materiais didáticos criados para sociedade brasileira. A presença da Beatriz foi marcante coordenando mesas redondas e outras atividades.

No III SNEF, observamos a preocupação com o ensino experimental, com a presença de Arthur Eugenio Quintão GOME e Beatriz Alvarenga ALVARES, do Instituto de Ciências Exatas da UFMG, apresentando Inovações nos Laboratórios de Física Geral no Instituto de Ciências Exatas da UFMG. No resumo apresentado na página 21, observamos uma inovação:

> Procura-se uma nova abordagem para os laboratórios de Física Geral com a eliminação dos relatórios tradicionais, introdução de provas relativas aos trabalhos feitos no laboratório e a execução de projetos. o projeto consiste na solução: pelos alunos, de um problema experimental a escolha do estudante, a partir de uma longa relação fornecida a eles no início do semestre. o material exigido para as experiências node ser simples. barato e de fácil aquisição.

Se investigarmos nossos SNEF's (Simpósios Nacionais de Ensino de Física, organizados pela Sociedade Brasileira), encontraremos em muitos deles a presença marcante, lúcida, atraente e propositiva de Beatriz. Ela sempre disse e escreveu o que pensávamos e nem tínhamos clareza em muitos pontos. Hoje, mais experientes, nos deparamos com tamanha clareza já naquela época. Continuamos com grandes problemas ainda no ensino de Física.

É marcante a sua presença em todos os SNEF's. Não caberia aqui ficarmos citando as suas intervenções, pois são muitas. Vamos pular para o VI SNEF, realizado em Niterói, em 1985 que foi organizado por mim e a Anna Maria Pessoa de Carvalho, ambas da diretoria no período de 1983 a 1985.

Foi dado destaque aos eventos que se realizavam regionalmente e foi possível conhecer o que os professores estavam realizando para a melhoria do ensino. No Estado de Minas Gerais foram apresentadas 2 atividades:

1. Curso de Especialização para Docentes da Escola Normal, numa colaboração com a Secretaria de Educação e a equipe do Colégio Técnico da UFMG, coordenado por Beatriz Alvarenga e Antonio Maximo, em 1984, em duas etapas;
2. Mini cursos, dados por. alunos da Instrumentação para o Ensino nos vários colégios de Belo Horizonte e arredores, que também foram coordenados por Beatriz Alvarenga;
3. Apresentou Experiencias para definição de um programa de Física para o curso normal (organização de atividades extraclasses), com a colaboração do. Prof. Rovilson Jose Bueno;
4. Em colaboração com a profª. Ruth Schmitz de Castro, organizaram experiências para a introdução ao ensino de Física no 1º. Grau (1ª. a 4ª. séries)

Com estas descrições de atividades, destacam-se as suas preocupações com o ensino experimental da Física, já se iniciando para alunos em início de vida escolar, mas também proporcionando atualização de professores para referido nível de ensino

As "novas tecnologias" já estavam surgindo e a nossa professora já se adiantava, produzindo Aulas de Física em videocassete, numa colaboração do Departamento de Física e o Centro Audiovisual da UFMG.

A profª. Beatriz já era bem conhecida por seus livros e em todos os momentos podíamos vê-la rodeada de alunos de professores. Seu carisma e atenção eram marcantes, explicando, dando dicas para quem lhe perguntasse alguma coisa.

Muito reconhecida pela comunidade, a Sociedade Brasileira de Física, em 1997, concedeu à Beatriz Alvarenga a Medalha de **Honra ao Mérito no Ensino de Física**. O XII SNEF ocorreu em Belo Horizonte com o tema geral NOVOS HORIZONTES - Educação Permanente, Novas Tecnologias e Inovações Curriculares. Destacamos, nas Atas, algumas passagens do Discurso de Agradecimento[3], que a cada frase nos sentimos tocadas pela emoção. Assim:

---

[3] Publicado na íntegra neste livro.

> "(...) Não é fácil medir, ou mesmo fazer apreciação qualitativa dos progressos alcançados neste período na área do ensino de Física. Embora as atas do Simpósio e as duas revistas citadas (além de alguns trabalhos das teses de mestres e doutores da área) sejam os principais documentos que dispomos para pesquisar o que vem ocorrendo nessa Area, muitos outros fatos se passaram nos bastidores, não sendo bem documentados, principalmente no período da ditadura (1964 a 1984).... (...) Finalmente, fazendo um balanço geral do ensino de Física, desde aquela época até hoje, podemos detectar pontos que estão a exigir enorme dedicação e ainda maior esforço para que grandes problemas a eles relacionados sejam equacionados. A frente de qualquer outro está a questão da melhoria de formação e do crescimento do número de professores habilitados, intimamente relacionada com o problema da obtenção de salários condignos, melhores condições de trabalho, aperfeiçoamento e atualização dos docentes...."

E finaliza seu discurso...

> "A todos o meu apelo para que não abandonem a arena tão cedo! Aos mais jovens, de verdade, que estão chegando agora, principalmente aos estudantes das Licenciaturas, Mestrados e Doutorados, uma convocação especial: sigam os exemplos de seus mestres e deem prosseguimento a esse trabalho. Obrigada por contribuírem para que meus sonhos, pouco a pouco sejam concretizados."

Temos esta missão!!!!

## Seus livros... sua marca

Vamos destacar alguns pontos de sua proposta didática explicitada em seus livros.

Encontramos como seu primeiro livro, junto com Antonio Máximo, do Instituto de Ciências Exatas da UFMG, datado de 1968, o título FÍSICA vol. 1, versão experimental, Edições CECIMIG. Assim começa sua longa trajetória, publicando e com diferentes edições e editoras.

Em 1972, Beatriz já tinha seus livros bem conhecidos, os de capas coloridas, como as figuras a seguir:

**Figura 1**: Livros editados pela Editora Bernardo Álvares S. A.

Fonte: Elaborado pela autora

Sua preocupação educacional já era destacada. Lembro aqui, que o 1°. SNEF foi em 1970 e a professora já era conhecida.

São várias as edições de seus livros, se espalhando pelo país. Não vamos relatar sobre todos. Em 1992, já professora emérita da UFMG, Beatriz e Antonio têm novos volumes publicados pela Editora HARBRA Ltda. A capa da 3ª. edição de 1994 está na figura 2:

**Figura 2**: Capa do livro

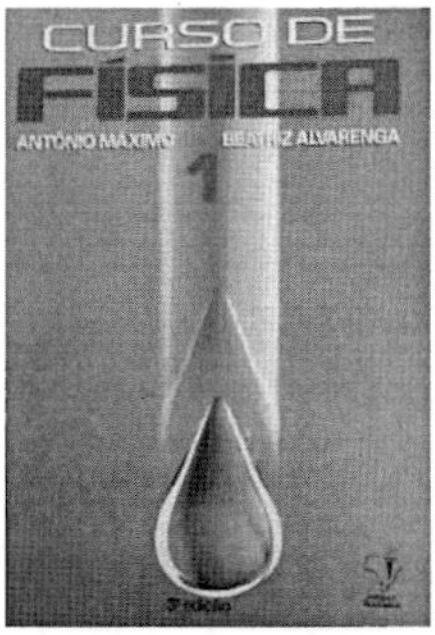

Fonte: Elaborado pela autora

Ressaltamos a sua preocupação não só em elaborar um bom material para o aluno, mas principalmente explicitando a proposta didática que estava sendo apresentada. Destacamos, na edição do livro acima, nas páginas iniciais para: AO PROFESSOR

> O ensino de 1°. E 2°. Graus, em nosso país, tem passado nos últimos anos por alterações e, como não podia deixar de ser, o ensino de Física em sofrendo reflexos destas mudanças..."

Explicitam ainda o vasto conhecimento sobre as escolas, as dificuldades de um programa extenso e diversificado em escola, assim como nas diferentes regiões do país. Enfatizam que a Física estará presente em cada profissão a ser seguida pelos estudantes, pois está no nosso dia a dia. Desta orientação, destacamos 2 pontos que ainda são desprezados em muitas salas de aula:

> — Procuramos ressaltar, em cada tópico estudado, a Física presente no cotidiano das pessoas, focalizando fenômenos interessantes e úteis, para os alunos se sentirem incentivados a conhecer e entender os princípios e leis físicas neles envolvidos.
> — Preocupamo-nos em dar ênfase às leis gerais, reduzindo substancialmente as informações de caráter específico, utilizando linguagem simples e redação concisa, de maneira a torna-la acessível e a não enfadar o estudante.

Eram acompanhados pelo Manual do Professor, com mais orientações e comentários sobre Tópicos especiais.

Para cada item da Física, encontramos descrição teórica sobre o tema, exercícios de fixação, tópicos especiais, revisão, sugestões de experiências simples, problemas, testes e questões de vestibulares. Portanto ficava a critério do professor o nível de aprofundamento e carga horária dedicada a cada item.

Beatriz sempre enfatizou que antes de escrever as propostas experimentais em seus livros, sempre as experimentou na cozinha de sua casa, juntamente com Antônio Máximo e poderiam ser feitas pelos professores, sem dificuldade. Não desprezavam o aspecto histórico dos fenômenos e dos princípios estudados.

Entendemos que os autores não só sabiam das dificuldades das escolas, professores e alunos, mas também acompanhavam as diferentes pesquisas em ensino de ciências, em suas pesquisas em desenvolvimento cognitivo para ensino-aprendizagem, além das pesquisas em ciência e tecnologia. Destaco aqui que o movimento CTS (Ciência-Tecnologia-Sociedade) já vinha sendo discutido por Glen Aikenhead pelo mundo, e seus indicadores se faziam presentes nos livros da Beatriz.

Em 1997, os autores lançaram o FÍSICA Volume Único (Curso Completo), pois o mesmo procedimento vinha ocorrendo com outros autores. A Editora foi a Scipione. Em um único livro, distribuíram os conteúdos para o 2º. Grau, com o mesmo enfoque já adotado em outras edições, em 3 volumes. Destacam os temas centrais da física clássica, apresentando informações sobre física e tecnologias modernas. Antes de começar com os conteúdos tradicionais dos livros de física para os estudantes do secundário, introduzem como UNIDADE I: A física no campo da ciência. Há uma preocupação sobre o papel da ciência e da tecnologia na sociedade. Explica os diferentes ramos da ciência e a relação com as diferentes tecnologias, mostrando ao aluno do 2º., se quiser, continuar seus estudos, caminhos a serem seguidos. Em um dos itens fazem a afirmação: "(...) o estudo das ciências poderá ter um papel significativo na integração dos estudantes com a história de nossa civilização" (p. 11).

Deste modo, enfatizam que a ciência e tecnologias fazem parte da história da humanidade, criando condições melhores para a vida, assim como também podem causar malefícios. Apresentam a importância de estudos de historiadores, filósofos e sociólogos para o estudo da civilização.

Com um quadro em destaque na página 17, apresentam atitudes que podemos desenvolver (e que os cientistas desenvolvem) envolvendo nossos sentidos e nosso cérebro:

> "**observar** um fenômeno;
> **diferenciá-lo** de outro e **relacioná-los** com fatos já estudados;
> **classificá-lo** entre outros de acordo com algum critério semelhante;
> **fazer inferências** sobre ele;
> **avaliar** e **medir** grandezas envolvidas no fenômeno;
> **interpretar** os dados obtidos;
> **planejar observações** (realizar experiências), controlando as variáveis que possam influenciar no fenômeno;
> **formular hipóteses, fazer previsões e construir modelos**"

Portanto, desta maneira, procuram despertar nos estudantes a atitude de investigação científica, e não somente a resolução de problemas numéricos que podem aparecer em alguma prova. Enfim, conhecer uma ciência é ter atitudes que nos façam observar ao nosso redor.

Numa atividade proposta apresentam uma preocupação com as notícias que aparecem em jornais, revistas e TV, se são atraentes, e se são atraentes para um grande público, e se são entendidas ... e ainda não existiam as redes sociais.

Termino este texto, a partir do que li e do que conheço da Beatriz, admirando-a cada vez mais. Foi uma mulher, professora, pesquisadora muito além de seu tempo!!!!

# FÍSICA – CONTEXTO E APLICAÇÕES – BEATRIZ ALVARENGA E ANTONIO MÁXIMO: UM LIVRO INOVADOR DOS ANOS 70 COM UMA VISÃO CONSOLIDADA NAS DÉCADAS SEGUINTES NA PESQUISA EM ENSINO DE FÍSICA NO BRASIL

*Gloria Regina Pessoa Campello Queiroz*

AINDA cursando o terceiro ano do curso de Física da antiga UEG (Universidade do Estado da Guanabara), hoje UERJ (Universidade do Estado do Rio de Janeiro), já atuava a partir de 1970 em um colégio privado, dando aulas de Física no ensino de segundo grau da época. O curso de licenciatura era autenticamente do tipo 3+1, com aulas dadas em locais afastados em tudo, inclusive na localização, não existindo nem mesmo a disciplina de Instrumentação para o Ensino da Física, hoje responsável por apresentar aos licenciandos muitos dos resultados das pesquisas na área de Ensino de Física. Os estágios que eram 2, um de observação e outro com a única tarefa de ministrar duas aulas no Colégio de Aplicação, contavam com o professor da universidade apenas para assistir as aulas e lançar uma nota final. Fui aprovada e apesar da primeira aula ter sido de um bloquinho descendo um plano inclinado, na segunda enfrentei o desafio de levar uma questão relacionada ao cotidiano, calor, temperatura e a umidade e a umidade relativa do ar. E lá se vão mais de 50 anos e a lembrança da maior satisfação que a segunda aula me causou não me sai da lembrança, acompanhada da imagem do professor impassível da universidade em pé no final da sala de aula. Fui aprovada.

Pois era essa a mesma sensação que já havia tido enquanto professora primária nas aulas de Ciências e que durante os dois primeiros anos em que dei aulas no ensino médio não conseguia concretizar. A causa disso atribuo hoje à falta de uma formação inicial que valorizasse um ensino contextualizado, minimamente focado em observações cotidianas, casos históricos, experimentos reproduzíveis na escola, entre tantos outros elementos hoje consensuais. Além disso a ausência de um livro texto que no mesmo sentido oferecesse apoio e formação continuada. Assim, quando em 1972, já com o ano letivo iniciado, encontrei em uma livraria na Tijuca a coleção de livros de Beatriz Alvarenga e Antonio Máximo[4] (Figura 1), entre eles o livro 1, de capa rosa.

**Figura 1**: Foto da coleção de Física

**Fonte**: Elaborado pela autora

Após uma breve leitura encontrei aquilo que minha formação inicial como normalista e a prática no ensino fundamental 1 me fazia desejar algo similar para o ensino médio. Percebi a diferença em relação a outros livros didáticos nacionais da época, quase que exclusivamente repletos de leis e fórmulas matemáticas. Encontrei nele muito mais, muitas explicações que iam lentamente buscando a razão da razão dos conceitos e das fórmulas que os envolviam, essas também indispensáveis à formalização da Física nesse nível de ensino; vindo ao encontro dos meus anseios didáticos o adotei. E durante os seis anos seguintes quem dei aulas na escola básica não deixei de fazê-lo e depois, já na universidade, ao trabalhar na licenciatura em Física, passei a recorrer aos desenhos, exemplos e caminhos sugeridos pelo livro, os tendo incorporado ao meu repertório docente.

Hoje é senso comum que a coleção de livros de ensino de física da Editora Bernardo Álvares (Volumes 1, 2 e 3), publicado inicialmente em Belo Horizonte e nos anos 90 em outros formatos (volume único por

---

[4] Coleção Física de Beatriz Alvarenga e Antonio Máximo, Belo Horizonte: Editora: Bernardo Alvares, 1972.

exemplo em 1997) e por outras editoras, ensinaram gerações. Mais do que isso, segundo vários depoimentos, em muitos daqueles que puderam nela estudar, o gosto pela disciplina se consolidou a ponto de terem se tornado professores de Física nos quais o encantamento com as explicações e exemplos, associados a uma História da ciência que vai muito além da exaltação de alguns gênios, gerou o desejo de levar a seus alunos sentimentos e sensações semelhantes àquelas que teve enquanto aluno ou aluna. Mas outros pontos devem ser ressaltados.

As equações matemáticas que até podem motivar alguns estudantes eram colocadas em segundo lugar, sendo precedidas por definições minuciosas; figuras estroboscópicas e desenhos de situações do cotidiano dos alunos ou da realidade mais afastada levavam a procedimentos mentais dos quais as fórmulas surgiam com naturalidade. Eram então seguidas de questões e discussões que a experiência dos autores já previa que surgiriam, como por exemplo: o que significa uma velocidade negativa?

A partir de minhas primeiras participações nas reuniões anuais da SBPC e nos SNEFs (simpósios nacionais de ensino de Física) nos anos de 1980, finalmente conheci Beatriz em carne e osso. O que me encantou na professora/autora do livro que continuava amando e utilizando foi a sua simplicidade e interesse pelo que eu e outros pesquisadores em Ensino de Física. Tenho a imagem dela vindo falar comigo após a apresentação de um trabalho que fiz sobre concepções alternativas, que na época denominávamos espontâneas. Com interesse, atenção e com a maior simplicidade demonstrava curiosidade e gosto por ver o estabelecimento da área que segundo ela ajudaria muito, como ela vinha já fazendo há mais de uma década, na melhoria do ensino de Física. Assim apreciava os exemplos que naquela altura já devia conhecer, mas procurando saber mais detalhes da teoria que agrupava e categorizava essas explicações dos estudantes, diferentes das da ciência ensinada, debaixo do guarda-chuva do MCA (movimento das concepções alternativas).

As diferentes edições da obra de Alvarenga e Máximo contam sempre com uma subseção em que aparece a relação entre força e movimento, um dos temas com concepções alternativas mais pesquisados. Nelas encontramos também propostas de "mudança conceitual" para que os alunos alcançassem as explicações de Newton. Uma das edições traz explicitamente o caso particular de corpos com velocidade constante, como num exemplo comentado no qual ela pergunta: Esse avião em movimento retilíneo uniforme está em equilíbrio? Com seu estilo de detalhar as explicações, respondem que muitas pessoas interpretam erroneamente esta situação, afirmando que a Força F3 (força devida ao motor) deveria ser maior do que F2 (força devida à resistência do ar) para manter o avião em movimento. Essas pessoas estão fazendo uma interpretação contrária às ideias estabelecidas por Galileu e Newton.

Cuidado especial com seu público alvo é dado ao tema da Gravitação universal, preparando os alunos para os desafios que vêm pela frente, ao ser anunciado o passo "mais audacioso de Newton" em direção à extrapolação que faz do caso do movimento da Lua e de uma maçã, ambas atraídas pela força gravitacional exercida pela Terra, com a primeira caindo sempre para sua órbita em torno do nosso planeta, enquanto a segunda atingindo o solo, concluindo que esta atração deve ser um fenômeno geral (universal) e deve se manifestar entre dois objetos materiais quaisquer. Ao trazer a cópia do diagrama encontrado nos "Principia" de Newton onde é ilustrado como seria possível colocar um satélite em órbita, o texto acrescenta o fato histórico do lançamento do primeiro satélite lançado pelo homem, comentando que esta ideia só se concretizou 250 anos depois, quando o desenvolvimento tecnológico foi alcançado. Desse modo uma das relações existentes entre ciência e tecnologia é introduzida, com informações atualizadas do século XX. Complementa o tema da gravitação uma boa explicação sobre o fenômeno das marés, aparentemente intrigante pelas marés altas simultâneas em pontos diametralmente opostos, valorizando o fato deste fenômeno, conhecido desde épocas remotas, só ter sido explicado com a lei da gravitação universal.

Um tema especial na minha própria compreensão da Física básica e posteriormente na construção didática adotada com meus alunos se encontra no longo capítulo dedicado à Hidrostática. Nele, desde experiências propostas, descrições sobre a produção do conhecimento até detalhes da gênese dos conceitos envolvidos ganham texto e desenhos que elucidam com muita clareza o conceito de empuxo. Perguntas como por que aparece o empuxo e como podemos calcular o empuxo vão sendo respondidas entremeadas à apresentação de Arquimedes e seus feitos famosos na História. Eureka! Eureka!

Mas é na seção Valor do Empuxo e as Leis de Newton que é dado o pulo do gato, quando é desenhada uma porção de um líquido, supostamente isolada do restante dentro de um recipiente; estando ela em equilíbrio/parada, apesar de também estar recebendo empuxo. Daí se conclui que qualquer porção de água dentro d'água, imóvel, possui seu peso equilibrado pelo empuxo. Tal porção supostamente isolada (desenhada com contorno pontilhado) pode ser ocupada por um outro corpo qualquer, de densidade diferente do líquido, mas sendo de volume igual receberá o mesmo empuxo que a porção de água recebia. Portanto "o empuxo é igual ao peso do líquido deslocado", uma vez que esse só depende da diferença de pressão recebida. A relação entre as densidades do corpo e do líquido em que ele é colocado pode ser tirada da segunda lei de Newton $F=ma$ que aplicada à força da gravidade se torna $P=mg$; ao se escrever as massas em função da densidade e do volume, a relação entre as densidades dp corpo e do líquido deslocado ganha sentido de ser feita.

Ao perguntarmos a muitos estudantes que já tiveram aulas de Hidrostática que expliquem por que alguns corpos afundam e outros flutuam num líquido, a resposta aparece de forma imediata: é a densidade. Porém poucos conseguem explicar porque a relação entre as densidades explica de fato o fenômeno/lei da flutuação dos corpos e muito menos porque o empuxo é o peso do líquido deslocado quando temos um corpo ocupando o volume em que anteriormente havia líquido. Esta é uma das muitas cápsulas engolidas e que são regurgitadas pelos alunos em momentos de avaliação.

Engeström (2002) chamou de "encapsulamento da aprendizagem escolar" a "descontinuidade entre a aprendizagem na escola e a cognição fora da escola" (p. 175). Segundo esse autor, para se romper a encapsulação que não gera conhecimento organizando-se um processo de aprendizagem que leve a um tipo de processo radicalmente diferente daqueles produzidos em formas hegemonicamente usuais da escolarização. Avaliações em massa e lacunas na formação docente têm mantido um ensino no qual apenas cálculos vazios de significado são valorizados.

O termo provocador "ignorância honesta" é utilizado por Wagenschein (apud Engeström p. 42-43, 2002) para condenar o fato de o homem moderno aprender frequentemente de forma incompleta aquilo que a ciência natural poderia ter-lhe ensinado, ou seja, dessa forma não aprende apesar do ensino. E quando existem as concepções alternativas à Ciência e que persistem ao longo do tempo, o autor utiliza outro termo, "bobagem sintética". Densidade, gravidade, pressão, força, trabalho, energia são construtos teóricos da Física que possuem nessas denominações concepções ingenuamente sintetizadas que ao serem usadas aparentam uma erudição inútil do ponto de vista de conhecimentos com possibilidades de resolução de situações-problema e tomadas de decisão.

Para além dos recursos didático-pedagógicos, é importante e necessário que os docentes tenham uma concepção epistemológica da ciência que ensinam, dos métodos lógicos e investigativos dessa ciência e das condições históricas e sociais do contexto de produção e aplicação dos conteúdos dessa ciência (LIBÂNEO, 2017, p. 383). O papel das controvérsias que o livro de Beatriz traz quando coloca cientistas em diálogo, se referindo a críticas de um autor em relação às ideias de outros, possibilita aos alunos aprendizagens com potencial de expandirem para a vida o conhecimento para além da formalidade científica do tema em estudo, incorporando aos poucos aspectos da Natureza dinâmica da ciência com as mudanças que a tornam viva, motivante e desafiadora.

Esse capítulo, longe de trazer uma análise completa da importante obra aqui comentada, teve por motivação refletir sobre meu relacionamento pessoal e profissional com a querida professora Beatriz Alvarenga, tendo como mediação minha relação pessoal com sua obra dedicada ao ensino médio. Valorizo o quanto aprendi com os livros e com as oportunidades que tive de conhecer pessoalmente e conversar com Beatriz ao longo da vida sobre aquilo a que dedicamos muito de nosso trabalho, o ensino e a aprendizagem da Física de uma forma capaz de expandir o seu conhecimento para além dos livros e das salas de aula.

# Referências

DANIELS, H.; **Vygotsky e a pedagogia**. São Paulo: Edições Loyola, 2002.

ENGESTRÖM, Y.; **Non scholae sed vitae discimus:** Como superar a encapsulação da aprendizagem escolar. In: DANIELS, H. (org). Uma introdução a Vygotsky. Trad. Marcos Bagno. São Paulo: Edições Loyola, 2002.

LIBÂNEO, J.C.; A teoria do ensino para o desenvolvimento humano e o planejamento de ensino. **Revista Educativa-Revista de Educação**, v. 19, n. 2, p. 353-387, 2017.

# ENCONTROS COM UM LIVRO

*Isabel Martins*

"Não se pode entrar duas vezes no mesmo rio"
(Heráclito de Éfeso, fragmento 91)

ESTE fragmento, atribuído ao filósofo pré-socrático Heráclito de Éfeso (BORNHEIM, 1967), inspira minhas reflexões sobre os diversos encontros que tive ao longo da minha vida profissional com o livro Curso de Física de Antonio Máximo e Beatriz Alvarenga. Em cada um deles, fiz leituras diferentes. Por um lado, eu não era a mesma, tanto em função de experiências profissionais vividas, mas também porque as próprias interações anteriores com o livro já me constituíam. Por sua vez, o livro também não era o mesmo, pois o texto das suas diversas edições atualizava antigas formulações enquanto antecipava outras. Neste texto, compartilho leituras que resultaram de alguns destes encontros.

## Sobre livros e leituras

Sempre fui fascinada por livros e pelas formas como eles nos permitem conhecer, transcender, imaginar e realizar. Eu já era leitora antes de entrar para a escola e a sensação de deslumbramento não foi diferente quando tive acesso aos primeiros livros didáticos. Em meus primeiros anos como estudante, os percebia como um lugar que continha informações importantes e, sem dúvida, verdadeiras. Eu encontrava ali também novas ideias e desafios para olhar o mundo de uma outra forma. Diferentemente dos livros de literatura, não me perguntava sobre quem os tinha escrito, nem quando. Tampouco sabia se existiam outros livros didáticos dentre os quais aquele em particular havia sido selecionado e indicado na escola. Mesmo assim, ainda como estudante, eventualmente buscava livros que mais se alinhassem aos meus objetivos de estudo num dado momento.

Foi mais tarde, a partir do contato com outros livros, que pude perceber diferenças na organização e abordagem da matéria de estudo. Assim, comecei a compreender os livros como resultado de escolhas. Como professora, utilizava diversos livros, atentando para eventuais sutilezas na apresentação dos conteúdos. Tratava-os como material de consulta ao mesmo tempo que tentava elaborar meus próprios textos para uso em sala de aula. À medida que o tempo passava, eu os via representando um papel muito semelhante àquele que eu mesma desempenhava: um elemento mediador da relação entre os estudantes e a Física. Intuitivamente percebia o texto do livro como uma arena que permitia o diálogo entre o autor e o estudante, e ao ter contato com as abordagens discursivas para a leitura (ORLANDI, 1988), me percebi como uma das leitoras inscritas no texto.

Como pesquisadora, passei a compreender o livro em termos do seu papel, estruturante e estruturador, das atividades em sala de aula e a investigar suas formas particulares de organização e de escrita, o entrelaçamento de discursos que o constitui e as diferentes possibilidades de relação que estabelece com seus leitores, ideais e empíricos. Uma nova camada de significação se abriu quando passei a ver o livro didático como um documento. Enquanto tal, ele registra a história e a memória das disciplinas escolares, aspectos de sua construção, elementos de sua constituição, fundamentos epistemológicos das disciplinas científicas de referência, elementos de didática, abordagens pedagógicas, teorias de aprendizagem e ecos dos principais debates e tendências educacionais que caracterizam o contexto da sua produção. É nesse sentido que considero o livro Curso de Física, de autoria dos professores Antonio Máximo e Beatriz Alvarenga, é um documento com características igualmente únicas e valiosas, cuja análise nos proporciona uma experiência essencial para a compreensão da história do ensino de Física no Brasil.

## Encontros com o livro da Beatriz

Tive a oportunidade de conhecer este livro tardiamente, já como estudante universitária, na busca de um material que me ajudasse a preparar aulas particulares de Física para estudantes do então Segundo Grau. Sentia que meus estudantes, que estudavam o mesmo livro no qual eu tinha estudado no meu curso secundário, frustravam-se com sua proposta pedagógica marcada por uma descrição operacional de relações entre variáveis e pela reprodução de estratégias apresentadas em um "exercício resolvido" na resolução de um "exercício proposto. A inexistência de relação entre a descrição matemática e aspectos fenomenológicos fazia a solução de problemas parecer algo mecânico e frustrante. Além disso, a ausência de uma abordagem que historicizasse e contextualizasse os problemas era outro fator que alienava os estudantes.

Imediatamente percebi no livro da Beatriz, como o chamávamos, a possibilidade, de junto com os meus estudantes, ter acesso a uma série de representações, argumentos, descrições e imagens que conectava personagens e ideias, no espaço e no tempo, e na qual os autores convidavam seus leitores a participar em uma diversidade de situações, reais ou imaginárias, nas quais eram evocadas experiências e fenômenos físicos e que se remetiam a situações vividas. Era um livro que podia efetivamente ser lido como uma narrativa coesa, consistente e coerente. Mais tarde iria me dedicar à análise de algumas das estratégias discursivas que permitiam estas formas de engajamento. Iria também relacioná-las a teorias da aprendizagem, metodologias de ensino, questões epistemológicas.

Neste momento da minha formação inicial na Universidade Federal do Rio de Janeiro, eu cursava as disciplinas de Instrumentação para o Ensino de Física. Nelas analisávamos projetos de ensino, como o PSSC, o projeto Harvard, o PSNS, e os brasileiros PEF, FAI, PBEF e GREF, com especial ênfase na identificação dos contextos sócio-históricos nos quais foram desenvolvidos e das bases teóricas que os inspiravam. Com base nestas análises, elaborávamos, nós mesmos, propostas de atividades didáticos. Era o início dos anos 1980 e, nesta época, iniciei minha participação no Projeto Fundão Física, coordenado pela professora Susana de Souza Barros, onde fui apresentada à pesquisa em Ensino de Física. Foi também neste momento que comecei a participar dos Simpósios Nacionais de Ensino de Física (SNEF) e atentei para a presença constante da Beatriz nestes eventos. Percebi que, diferentemente dos autores dos livros nos quais eu tinha estudo, Beatriz sempre participava, estabelecendo pleno diálogo com os pesquisadores, professores e formadores de professores de Física, parceiros de jornada que lhe renderam uma linda homenagem no X SNEF realizado na cidade de Londrina, em 1993, ano no qual completou 80 anos. A forma pela qual a trajetória de formação da Beatriz constituía o texto do livro Curso de Física me ajudou a compreender um movimento que, mais tarde, viria a conceituar como de recontextualização discursiva, um processo por meio do qual a valorização da experimentação e a contextualização histórica informariam a construção de um texto autoral, que se posicionava e instigava mudanças nas práticas educacionais tradicionais, que faziam da Física uma disciplina que mais do que tudo alienava, discriminava e preocupava os estudantes.

Anos mais tarde, quando fui professora do Colégio Técnico da Universidade Federal de Minas Gerais, pude conhecer mais de perto a "Dona Beatriz". Trabalhamos juntas na avaliação de trabalhos submetidos ao VII EPEF, acompanhei seu empenho na coordenação da primeira edição da UFMG Jovem em 1999 e pude visitá-la no seu "escritório", aquele lugar mágico onde ela reunia objetos, pessoas e memórias em conversas sobre a física, sobre a educação e sobre a vida. Conversas sobre como surgiram as primeiras inquietudes com o ensino da Física, sobre a experiência de escrita dos livros, sobre o apoio recebido da família, sobre o reconhecimento ao Antonio Máximo, sobre o orgulho que tinha dos seus estudantes e parceiros de trabalho. Havia conversas também como era ser mulher na Escola de Engenharia nos anos 1940, sobre o projeto de reunir uma coleção de recursos para o trabalho na escola, sobre a alegria de ver seu trabalho multiplicado.

Em uma de nossas últimas conversas, em fins dos anos 2000, numa visita ao "escritório", falei da minha ideia de fazer uma análise de livros didáticos de Física numa perspectiva longitudinal. Considerava que um estudo que analisasse diferentes edições da mesma coleção poderia ajudar a compreender como se materializam relações entre elementos conceituais, próprios da Física, e elementos contextuais, como políticas curriculares, tendências de pesquisa em ensino de Física e eventos de natureza social. Falei do seu livro como uma importante fonte documental, por sua consistência e longevidade. A generosidade de Beatriz permitiu que ela me emprestasse: o primeiro volume do livro Física, uma edição do CECIMIG de 1968; o volume I do livro Física, lançado pela Editora Bernardo Álvares S. A. e; a edição de 1979 do volume I do livro Curso de Física, pela Editora Harbra. Estes livros, juntamente com as edições do livro Curso de Física, de 1997 e de 2005, pela Editora Scipione, constituíram os documentos sobre os quais me debrucei para fazer uma análise de como os livros didáticos construíam um discurso sobre a Física na escola, que, ao longo dos anos, consolidava uma estabilidade ao mesmo tempo que incorporava mudanças.

**Figura 1**: Edições do livro Física (1968 e 1972) e Curso de Física (1979, 1997, 2007)

Fonte: Elaboração da autora

## Estabilidade e mudança no livro didático

Minhas análises sobre livros didáticos têm sido fundamentadas pelas perspectivas críticas para o estudo do discurso. Sob esta referência, autores como Norman Fairclough, Teun van Dijk, Gunther Kress, entre outros, têm explorado o caráter historicamente situado dos textos, suas relações com práticas sociais e seus efeitos sociais (FAIRCLOUGH 2003). A análise crítica do discurso (ACD) articula dois momentos: a análise da conjuntura de um dado problema social e uma análise discursiva de sua representação semiótica. No presente caso, o problema social/educacional está identificado com o campo da pesquisa em ensino de física e diz respeito a como o texto do livro didático reflete e refrata discursos sociais. Em outras palavras, em que medida o livro é, por um lado, influenciado por diferentes discursos – como o das políticas públicas e das pesquisas em ensino –, e, por outro, capaz de produzir transformações que acabam por influência estes âmbitos discursivos.

A conjuntura do problema sob investigação envolve discussões acerca da emergência e consolidação do campo do ensino de Física, no Brasil e no exterior, o contexto de produção de projetos de ensino que propunham abordagens inovadoras para o ensino de Física, a organização de uma secretaria para assuntos de ensino na Sociedade Brasileira de Física, a promoção de eventos e o surgimento de periódicos especializados, e o desenvolvimento de programas de pós-graduação em Ensino de Física, entre outros. Envolve também análises macrossociológicas de políticas públicas para a Educação, reformas curriculares, mudanças programas de formação de professores. Mais especificamente, no caso do livro de Beatriz e Antonio Máximo, envolvem atravessamentos que ocorreram nos quarenta anos que se seguiram à publicação da primeira edição do livro. Entre eles, destacam-se: a circulação de materiais educativos estrangeiros, como o PSSC; a constante participação em fóruns de discussão da área como os SNEFs e os consequentes diálogos com a comunidade de Ensino de Física e suas reflexões acerca da contribuição de resultados de pesquisa, sobretudo no campo das concepções alternativas e das relações ciência tecnologia e sociedade (CTS), para o ensino; possíveis ecos ou reverberações das diversas reformas educacionais, como as Leis de Diretrizes e Bases 5692/1971 e 9394/1996, na organização do trabalho curricular; impactos de políticas públicas de avaliação e distribuição de livros didáticos como o PNLD e; interpretações e influências de documentos contendo diretrizes e orientações como PCN, os PCN+, que enfatizavam a contextualização e a interdisciplinaridade como eixos para o desenvolvimento de currículos. A análise de conjuntura envolve, portanto, análises documentais e revisões bibliográficas que explicitam aspectos históricos, econômicos, sociais e políticos do problema sob investigação.

A representação semiótica do problema social é o próprio texto, verbal e imagético, do livro. Ela engloba elementos linguísticos e visuais, a formatação e o *layout* do texto, escolhas específicas no que diz respeito à natureza das ilustrações, as formas pelas quais diferentes linguagens se articulam na representação de conceitos, estratégias de endereçamento ao leitor etc. Além disso, diz respeito a aspectos do projeto editorial, organização em unidades, capítulos, seções temáticas e textos para o professor. Uma vez definido o *corpus*, a análise textual busca-se identificar elementos intertextuais e interdiscursivos relacionados tanto aos obstáculos como às possibilidades de compreensão e/ou superação do problema identificado. A intertextualidade diz respeito à incorporação de textos, verbais ou visuais, e permite uma solução de continuidade entre formulações presentes, por exemplo, no discurso da Física como ciência de referência e no discurso da disciplina escolar. Tais referências, que podem ser diretas ou indiretas, permitem não só uma tessitura de vozes, por meio de citações de cientistas e outros sujeitos sociais, mas também a incorporação de imagens, físicas ou mentais, que são constitutivas da história da ciência. A interdiscursividade, por sua vez, está identificada com a inserção de gêneros, modos retóricos e estilos próprios de uma atividade social em outra. Por exemplo, estruturas argumentativas que permitem a dedução de inferências válidas a partir de leis gerais, tipicamente encontradas no discurso científico, são frequentemente transpostas para os textos didáticos. Sua exploração permite a apreciação e eventual apropriação de estratégias de raciocínio que auxiliam no desenvolvimento do pensamento crítico. Da mesma forma, a proposição de testes e atividades experimentais proporciona um contexto para a compreensão da relação teoria-evidência, fundamental no desenvolvimento do pensamento físico. Em resumo, os elementos interdiscursivos e intertextuais realizam discursivamente o caráter híbrido dos textos didáticos.

Este enquadramento teórico é consistente com nossa conceituação do livro didático como um artefato cultural, ou seja, como um produto que materializa práticas, ideias e ideais a respeito de uma proposta de representação do conhecimento científico, que integra um projeto de formação e inserção social de sujeitos (MARTINS, 2006). É neste sentido, o livro é um produto que permite que se estabeleçam relações entre sujeitos, práticas sociais e conhecimentos científicos, e cuja história reflete e refrata a própria história da educação escolar.

Podemos hipotetizar que diversos fatores podem ser instrumentais para explicar aspectos de estabilidade ou de mudança nos livros didáticos. Entre eles, destacamos: compromissos epistemológicos com visões do conhecimento científico, a necessidade da linguagem matemática para sua expressão, contextos históricos que contribuíram para a hegemonização da ciência moderna ocidental, processos sociais de construção de consenso em torno de alguns conceitos e interpretações. Tais fatores fazem da Física um terreno no qual discursos estabilizados, com alto poder explicativo e cuja origem se perde no tempo podem fundamentar resistências à problematização e consequentes desestabilizações. Por outro lado, o desenvolvimento das tecnologias digitais de informação e comunicação, as pressões do mercado editorial, o avanço nas técnicas de produção de imagens, imperativos derivados de reformas curriculares, políticas de avaliação podem ser propulsores de mudanças.

## Construindo sentidos para o ensino aprendizagem de Física: *insights* a partir da leitura do livro Curso de Física

A identificação com os pressupostos teóricos e metodológicos descritos anteriormente balizou as leituras que fiz, como pesquisadora, dos volumes que tratam dos conteúdos de Mecânica das coleções dos livros de Beatriz e Antonio Maximo publicadas entre 1968 e 2007, algumas das quais agora compartilho com vocês.

De forma geral, o texto das diversas edições possui alto grau de coerência e coesão no que tange sua estrutura lexical e gramatical. Demonstra um compromisso com o discurso científico disciplinar, por meio da definição de objetivos como: introdução à linguagem e vocabulário específicos; da valorização da experimentação; apresentação canônica das definições de espaço e tempo, da cinemática e da dinâmica, nesta ordem. Inclui também referências a aspectos da história da ciência que servem o propósito de contextualização, mas não cumprem papel sistemático de eixo estruturador da apresentação de conteúdos. O projeto editorial foi se complexificando ao longo das edições e o texto passou a incluir diferentes seções temáticas, além daquelas que apresentam o conteúdo e indicam exercícios. A edição de 1979 passou a incluir questões para revisão do conteúdo ao final do capítulo, leituras suplementares, sugestões de experimentos para o aluno.

Dentre os aspectos composicionais do livro, um aspecto evidente na apresentação do próprio livro é a presença, uso e função de imagens na composição do texto. A edições de 1979 contém um número maior de ilustrações do que as anteriores, embora a maioria na forma de desenhos. As edições seguintes passam a incluir mais fotografias. De fato, ao longo dos últimos 40 anos, houve indiscutíveis melhorias nas possibilidades de editoração, sobretudo com o advento de programas de editoração eletrônica e com os avanços nas técnicas de produção, reprodução e tratamento digital de imagens. Em consequência a qualidade e consequente legibilidade das ilustrações das últimas edições analisadas, que datam dos anos 2000, é superior àquelas encontradas nas edições anteriores, em termos de clareza, definição, variedade, diagramação, uso de cor, posicionamento e proporção em relação ao *layout* da página, proporcionando melhor legibilidade. Entretanto, a natureza das ilustrações é bastante semelhante no que diz respeito a alguns conteúdos representados. Encontramos imagens científicas, ubíquos em diversos textos de Física, por exemplo, desenhos de planos inclinados e fotografias estroboscópicas são encontradas em todas as edições analisadas. A presença de tais imagens canônicas implica o imediato reconhecimento da vinculação do livro com a área da Física. Embora sua origem não seja determinada, o plano inclinado consolidou-se como um importante recurso para explicar a decomposição de forças e funcionamento de máquinas simples. Por sua vez, a fotografia estroboscópica foi popularizada nos materiais didáticos do PSSC, algumas das quais reproduzidas em diversos outros livros. Reconhecemos estas referências como intertextos, isto é, como textos (imagéticos) que expressam relações com outros textos. No caso, são imagens canônicas, representativas do discurso científico e que aludem à história da ciência. Simples do ponto de vista gráfico, mas possuidoras de alta densidade conceitual, tornam-se uma referência para o discurso escola, constituindo-se num elemento que promove a continuidade entre a cultura científica e a cultura escolar e que proporciona a inserção dos estudantes num universo discursivo específico. Estas características das ilustrações sustentam, em parte, sua permanência nas diversas edições do livro.

**Figura 2**: Representações de um objeto em queda livre nas edições analisadas

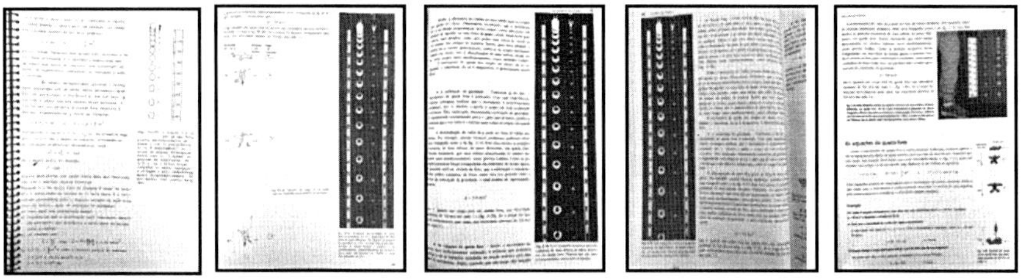

| 1968 | 1972 | 1979 | 1997 | 2007 |

**Fonte**: Elaboração da autora

Por outro lado, percebemos que às edições mais recentes foi acrescentado um grande número de ilustrações, em sua maioria do tipo fotografia em cores, mostrando representações de movimento encontrados no cotidiano de modo a contextualizar as leis e descrições do movimento. Em princípio, são diversificadas em termos das situações que podem representar, embora alguns padrões como como pessoas praticando esportes ou veículos em movimento sejam frequentes. Sua presença não estabelece intertextos com textos ou enunciados científicos, históricos, ou escolares, mas sim com elementos da cultura cotidiana, da linguagem midiática e da propaganda. Não menos importante, estabelecem relações com textos de orientações curriculares, por exemplo, materializando princípios de organização curricular que valorizam referências ao cotidiano como possibilidade de contextualização. Como a escolha de tais imagens, muitas vezes não passa pelo crivo dos autores e é determinada pela sua disponibilidade em bancos de imagens gratuitos, sua presença pode resultar na homogeneização da apresentação dos livros. Esta transição é observada no livro Curso de Física.

No que diz respeito à linguagem utilizada, percebemos que o texto se constrói a partir de definições de conceitos expressos por meio de elementos lexicais específicos. Por exemplo, "ponto material", "corpo rígido" e "velocidade média" são vocábulos ou expressões cujo uso não se verifica em situações discursivas cotidianas. São identificadas também estruturas sintáticas típicas, entre elas, as definições. Estas são realizadas por meio de sentenças afirmativas que utilizam verbos relacionais no presente simples (por exemplo, "a massa de um corpo é ...). Tal formulação categórica (é), ao contrário do que ocorre quando é feito uso de verbos modais (por exemplo, "pode ser"), confere alto grau de modalidade epistêmica, isto é, expressa confiança e certeza a respeito do que é dito. Metáforas e analogias também são recursos típicos do discurso científico-escolar que estão presentes ao longo de todas as edições do livro. Entretanto, em edições recentes, percebe-se uma maior frequência no emprego de estruturas sintáticas que realizam um caráter dialógico, no qual o leitor é convidado a interagir com o autor do texto por meio da consideração de situações hipotéticas, previsão e verificação de resultados. São exemplos, o uso de verbos que indicam processos mentais no modo imperativo (por exemplo, "imagine que..."), perguntas que demandam antecipação ou soluções para problemas (por exemplo, "o que acontece quando..."). Em alguns casos evoca-se experiências cotidianas (por exemplo, "você já deve ter observado...").

**Figura 3**: Página de abertura do capítulo referente à Primeira e à Terceira Leis de Newton

1979　　　1997　　　2007

**Fonte**: Elaboração da autora

O diálogo com o estudante, leitor inscrito no livro, pressupõe um papel ativo na construção de uma postura investigativa, relativamente autônoma, na qual há margem para exercício de uma agência, na construção de habilidades, realização de procedimentos e proposição de hipóteses e interpretações de observações realizadas e/ou medidas tomadas. Não se encontram roteiros fechados nem antecipações de respostas a serem encontradas como resultado da realização de um experimento ou teste. Tal abordagem está em consonância com princípios do construtivismo, em particular das vertentes que destacam a ação do sujeito como determinante no processo de construção de conhecimentos. Nas edições recentes, em alguns casos, encontramos referências a mediações advindas tanto de possíveis interações entre estudantes (por exemplo, "compare os resultados...") quanto de leituras complementares ou busca de fontes adicionais de informação (por exemplo, "pesquise acerca de ..."), que alude a concepções de aprendizagem mais afetas a teses sociointeracionistas.

O texto estabelece diálogos com referências da pesquisa em ensino de Física, em particular, daquelas relacionadas a concepções alternativas sobre força e movimento. Em diversos exemplos, percebemos o desenvolvimento de sequências argumentativas que buscam desconstruir a frequente e amplamente documentada associação feita pelos estudantes entre força e velocidade. Nas edições mais recentes do livro, tal referência é explicitamente discutida em sequências que incluem a proposição de situações que levem a um conflito cognitivo ou que desafiem a capacidade explicativa dos modelos dos estudantes. Um exemplo de referência a concepções alternativas é encontrado na figura 4. Neste trecho, o texto promove a identificação do leitor com alguém que crê na existência de uma força centrífuga num referencial inercial e oferece uma explicação que relaciona esta crença a experiências que temos no cotidiano.

**Figura 4**: Exemplo de intertexto com a pesquisa sobre concepções alternativas

**Fonte**: Elaboração da autora

O texto também explora algumas dimensões das relações entre ciência, tecnologia e sociedade (CTS), uma outra importante linha de investigação na área de pesquisa em Ensino de Física. A relações CTS mais frequentemente exploradas dizem respeito a aplicações tecnológicas de conceitos científicos e seus impactos na vida cotidiana. Dimensões sócio-políticas do conhecimento científico não são frequentemente exploradas. Por exemplo, em nenhuma das edições, houve referência ao fato de que as equações que descrevem o movimento de projéteis garantem a precisão de mísseis lançados nas diversas guerras que ainda ocorrem em nossos dias. Discussões acerca de processos de produção do conhecimento científico tendem a enfatizar aspectos epistemológicos sobre aspectos sociológicos ou políticos por meio da referência a exemplos do passado, distantes dos contextos contemporâneos, como o lançamento das bombas nucleares nas cidades de Hiroshima e Nagasaki pelos Estados Unidos ao fim da Segunda Guerra Mundial. Não obstante, tais exemplos possibilitam a problematização de aspectos da Natureza da Ciência, como a neutralidade do cientista e a suposta desvinculação entre o empreendimento científico e os interesses econômicos de governos e corporações. Outra ausência significativa diz respeito a dimensões afetivas relacionadas à atividade científica, como prazer intelectual ou percepções de autoeficácia.

A análise do texto mostra um relativo grau de sintonia com demandas que atravessam a conjuntura social na qual a produção e circulação das diferentes edições do livro se insere. Percebe-se forte continuidade das abordagens presentes nas primeiras edições com os princípios que balizaram os grandes projetos de ensino, como o resgate e a valorização das dimensões epistemológicas, didáticas e pedagógicas da experimentação presentes nos projetos de ensino, notadamente o PSSC. Além disso, análises textuais indicam a incorporação de diferentes elementos e influências relacionadas à produção acadêmica da área de Ensino de Física, da pesquisa sobre concepções alternativas e, em menor escala, de algumas sugestões e apontamentos presentes nas abordagens curriculares CTS.

**Figura 5**: Exemplo de possíveis intertextos com temas que relacionam ciência tecnologia e sociedade

**Fonte**: Elaboração da autora

O exemplo da figura 5 também reflete influências das políticas curriculares dos anos 1990, notadamente dos Parâmetros Curriculares Nacionais, se fazem presentes na valorização da contextualização como um eixo que baliza a apresentação de conteúdos ao longo do texto. Diferentemente, a interdisciplinaridade, também enfatizada pelos PCN, não é alvo de destaque. De forma geral, pode-se dizer que o texto reitera seu compromisso com o discurso científico e com a construção de um discurso disciplinar por meio de escolhas que dizem respeito à sequenciação e às hierarquias conceituais que organizam o texto. As atividades propostas valorizam a construção do pensamento crítico, sem negligenciar contextos de avaliação próprios desta etapa de ensino, em particular dos exames que admitem estudantes para o ensino superior.

## Novas leituras

O objetivo de uma análise discursiva não é avaliar os documentos sobre os quais nos debruçamos. Tampouco opinar acerca de sua qualidade ou adequação às finalidades propostas. Ao contrário, a análise busca explorar possibilidades de significação implicadas nos processos de leitura. Analisando a relação entre discursos presentes e ausentes no livro, no contexto da conjuntura na qual ele é produzido e circula, podemos discutir possibilidades de construção de sentidos.

A escrita deste texto, feita de forma retrospectiva e referenciada por análises conduzidas na última década (MARTINS, 2007 e 2020), me provoca, no entanto, a indagar como novas edições se posicionam e dialogam com algumas questões que têm sido atualmente destacadas pela comunidade de ensino de Física e que têm estado no centro dos meus interesses de pesquisa mais recentes. Entre as primeiras, está o debate acerca da representatividade de negros, indígenas e mulheres na ciência, de forma geral, e na sua recontextualização em livros didáticos, em particular, os debates dobre diversidade, as tensões entre abordagens universalistas e (multi)culturalistas, e a problematização das heranças coloniais das quais o pensamento científico moderno ocidental é tributário. Da mesma forma, como nossa experiência recente no contexto da pandemia da Covid-19, nas quais os discursos negacionistas, pseudocientíficos e as notícias falsas disputaram corações e mentes, podem constituir discursos sobre ciência na escola? Finalmente, algumas políticas públicas educacionais atuais, notadamente a Base Nacional Comum Curricular, A Base Nacional Curricular para a Formação de Professores e a Reforma do Ensino Médio representam um retrocesso e questionam o sentido e o papel da aprendizagem em Física na construção de uma sociedade igualitária e democrática, na medida que a carga horária destes componentes curriculares são esvaziadas em consequência de abordagens pragmáticas e utilitaristas que ameaçam a educação pública, submetem os objetivos da formação aos objetivos do mercado e alienam estudantes de conhecimentos importantes para a tomada de decisão na sociedade.

Retomo, portanto, a epígrafe deste texto dizendo que continuamente me constituo como leitora de um livro que também se renova a partir das muitas interpelações sofridas. Em outras palavras, a leitura do livro Curso de Física não se encerra aqui. Ela continua, nas muitas experiências de leitura dos quais o livro toma parte, na interação com sujeitos plurais, interpelados por um mundo em transformação, proporcionado experiências singulares, individuais, compartilhadas e coletivas que se renovam e que se constituem mutuamente.

## Agradecimentos

A autora agrade ao CNPq e à FAPERJ pelo apoio a projetos de pesquisa e à generosidade da Professora Beatriz Alvarenga por disponibilizar materiais do seu acervo para análise.

## Referências

BORNHEIM, G (org.) **Os filósofos pré-socráticos**. São Paulo: Cultrix, 1967.

FAIRCLOUGH, N. **Analyzing discourse**. London: Routledge, 2003.

MARTINS, I. Science Textbooks. In: El-Hani, C; Pietrocola, M.; Mortimer, E. F.; Otero, M. R. (Orgs.). **Science Education Research in Latin America**. Leiden: Brill | Sense, p. 325-342, 2020.

MARTINS, I. Quando o objeto de investigação é o texto: uma discussão sobre as contribuições da Análise Crítica do Discurso e da Análise Multimodal como referenciais para a pesquisa sobre livros didáticos de Ciências. In: NARDI, R.. (Org.). **A pesquisa em Educação em Ciências no Brasil**: alguns recortes. 1ed.São Paulo: Escrituras, p. 95-116, 2007.

MARTINS, I. Analisando livros didáticos na perspectiva dos Estudos do Discurso: compartilhando reflexões e sugerindo uma agenda para a pesquisa. **Pro-Posições**, v. 17, n. 1 (49) - jan./abr., 2006.

ORLANDI, E. P. **Discurso e leitura**. São Paulo: Cortez, 1988.

# A ENCRUZILHADA DE UM SONHO: O CONHECIMENTO PARA TODOS

*Silvania Sousa do Nascimento*

## Primeiras linhas de encontros

ESTE texto narrativo de primeira pessoa registra meu aprendizado com a Prof.ª Beatriz Alvarenga em relação às ações de divulgação científica. Registro em destaque pessoas que colaboraram, em particular, na construção do Programa UFMG jovem, um evento de divulgação científica que mobilizou muitos jovens e adultos a compartilhar o prazer de fazer ciências.

Este texto tem como objetivo registrar, a partir de minha convivência com Dona Beatriz, sua contribuição ao campo da divulgação das ciências. Em 1946, ela foi a única mulher diplomada na Engenharia Civil pela Universidade de Minas Gerais e já exercia a docência no Colégio Santa Maria e no Colégio Estadual Central. Posteriormente foi integrada ao corpo docente do ensino superior na Universidade Federal de Minas Gerais. Em 1968, ela participou da criação do Departamento de Física dentro do Instituto de Ciências Exatas e chegou a participar de um processo de indicação para a Reitoria, não obtendo sucesso. Outros tempos, outras histórias...

Meu primeiro contato com a professora Beatriz aconteceu no ensino médio na cidade de Belo Horizonte. Em um bairro burguês, eu menina parda alfabetizada por minha mãe ruralista, uma das muitas abelhas de Helena Antipoff, percorria as páginas de um grande livro de capa amarela: Curso de Física. Beatriz Alvarenga e Antônio Máximo. Sim, adotávamos a Beatriz...no corpo disciplinado das escolas tradicionais e nas escolas públicas que tentavam manter projetos pedagógicos com base na experimentação. O livro da Beatriz coadunava uma educação de base na transmissão cultural eurocêntrica, abria para um ensino de Física pautado no Método Científico, mas acrescentava às aulas demonstrativas do Laboratório de Física pequenas manipulações viáveis de acontecerem em sala de aula. Além disso, o texto já apresentava marcas discursivas da fenomenologia física que o diferenciava da abordagem propedêutica e matematizada das demais coleções para o ensino médio.

Nossos caminhos se cruzaram novamente nos corredores do Departamento de Física nos anos de 1980, tempos de inquietações e greves constantes nas universidades públicas federais. O Grupo de Ensino de Física tentava resistir e, na ausência de uma política de acolhimento da geração que enfrentava, na rua e nas comunidades a ditadura militar, ter aulas com a Beatriz era um único espaço de esperança. Fui bolsista dela na disciplina de Instrumentação de Ensino de Física, onde adquiri todo meu conhecimento experimental na montagem e manutenção de laboratórios de ensino. Enquanto isso, atendida pela Fundação Mendes Pimentel, participava de programas de reforço escolar e ministrava algumas aulas no ensino fundamental. Com ela descobri o mundo da pesquisa em ensino, dos eventos da área, da preparação das palestras para o grande público. Foi a partir dos olhos curiosos da Dona Beatriz que quebrei meus modelos de ensino tradicional de ciências e percebi que podemos ensinar física de forma diferente! Ela me incentivou a seguir na carreira acadêmica e me inspirou nos primeiros passos para a divulgação das ciências.

Segui seu principal ensinamento para a formação de professores de física: acolher os estudantes! O olhar atencioso e carinhoso da Dona Beatriz foi a primeira lição de amor e acolhida no ensino superior que recebi, e me ensinou sobre o silenciamento[5] dessas mulheres que pavimentaram nossos caminhos na carreira universitária! Eu e a Dona Beatriz vivemos muitas aventuras juntas, na sua Brasília, visitando as escolas com sua maleta de brinquedos e dançando nos muitos eventos científicos em que participamos! Foi com ela que conheci a Sociedade Brasileira para o Progresso das Ciências – SPBC e a Sociedade Brasileira de Física- SBF e trabalhamos em cursos de formação de professores sobre experimentos de fácil execução em sala de aula! Nós já sonhávamos com um grande Museu de Ciências em Belo Horizonte e viajávamos ao redor do mundo através de suas narrativas extraordinárias. Estivemos juntas no Observatório Frei Rosário, na Serra da Piedade, acolhendo visitantes que aguardavam ansiosos para observar as estrelas; fizemos mágicas com brinquedos que ela sempre trazia

---

[5] Silenciamentos no sentido dado por Anzaldúa e Hook. Veja em Lino e Mayorga (2011).

em suas malas de viagem; iniciamos as demonstrações de fenômenos físicos e astronômicos para festivais de ciências, feiras de ciências e tantas outras formas de apaixonar o público.

Dona Beatriz, ainda na primeira década dos anos 1980, nos reunia em sua sala, em sua casa, nas escadarias do Instituto de Ciências Exatas, para nos fornecer um espaço de liberdade de abraços, de carinho e de escuta...e para falar sobre o prazer em aprender. Mais do que nos indicar leituras acadêmicas de temas que nos afligiam e não havia ainda conceitos para defini-los, na prática, ela nos ensinava sobre a luta pela igualdade de gênero, a importância da produção científica local e a universalização do acesso à escola pública de qualidade.

Penso que no protagonismo da ação, Beatriz, foi um motor para muitos que se formaram como divulgadores e produtores de conteúdos do que hoje chamamos de comunicação pública das ciências.

## Ensinar uma prática de liberdade

Em uma entrevista para a Assembleia Legislativa de Minas Gerais[6], em 2006, na série Memória e Poder, a D. Beatriz rememora sua carreira em uma narrativa colorida de detalhes sobre as mudanças na formação de professores e do ensino de Física. Sua mente inquieta registra encontros pessoais com Henriqueta Lisboa, Fernando Sabino, Carlos Drummond de Andrade, Francisco Magalhães, Richard Feynman....

A preocupação com o processo de aprendizagem de seus estudantes a mobilizou a criar formas de ensinar a partir da compreensão do mundo cotidiano. Como ativista incansável do ensino experimental e na ausência de um projeto de museu de ciências, ela abriu em sua casa um espaço para visitação contendo suas malas, acervo de brinquedos, biblioteca e experimentos simples e criativos. Em uma dessas visitas na qual levávamos nossos estudantes de licenciatura "para conhecerem a Beatriz", ela ainda contava com entusiasmo as formas de inserir o ensino experimental na formação dos engenheiros e posteriormente dos professores, em atividades extracurriculares.

---

[6] Disponível em: https://www.youtube.com/watch?v=oKNg-gUeZl0&t=1732s. Acesso em 23 de junho 2023.

> [22:02] **Beatriz** |eu tinha muito contato com o pessoal do IBECC[7]! Era a minha luta/em Belo Horizonte não tinha (fornecedores de equipamento para laboratório de ensino) / depois o Professor Magalhães (Francisco Magalhães) conseguiu lá para a Engenharia um convênio com a Alemanha/ A Alemanha Oriental até, e ele conseguiu ganhar uns laboratórios Phywe e eles estão lá | até hoje |
> **Beatriz**: conseguiu aquilo / mas aquilo [atividade práticas] foi um sucesso ! nós ganhamos aquele material e como o curso era mesmo apertado/ o curso de engenharia/uns colegas meus/ comigo/ um grupo de colegas mais entusiasmados/ com o ensino/ nós colocávamos aquele material nas salas/ eram umas salas grandes lá/ na escola de engenharia/ então nós escrevíamos os alunos para irem à noite/olha o pessoal ia todo/ olha não valia nota, não valia nada/ enchia de gente para fazer experiências vinha um mundo de gente para brincar um pouco com a Física com o material que nós ganhamos. (Entrevista pessoal, 2005)

Em outro momento desta mesma entrevista, Dona Beatriz já elabora uma diferença entre a visão de uma divulgação das ciências em um modelo déficit ou em complementaridade ao letramento científico de sala de aula, problematizando a acessibilidade e o engajamento da população.

> **Beatriz**: Ah...hoje todo livro de divulgação científica que você compra ele chama a atenção sobre / a necessidade/ de divulgar a ciência / de tornar a ciência acessível/ a população como um todo/ e o objetivo principal / não é para poder/ aí os físicos não gostam.../ não é para divulgar a física por exemplo não é uma maneira de tornar a pessoa mais esclarecida/ para a pessoa enxergar o mundo com mais rigor/ porque a ciência se presta para isso/porque ela procura as causas dos fenômenos o que eu acabei de dizer aí/ hoje/ tem até um livro/não sei se eu falei para você/ você deve conhecer/ os sete saberes necessários para a educação do futuro/não é tão do futuro pois já tem uns três anos que ele foi lançado/(Entrevista pessoal, 2005)

Esta prática pedagógica, sempre colaborativa, me lembra a reflexão de Luis Carlos de Menezes que ao concluir uma de suas obras de divulgação da física enuncia:

---

[7] IBECC: Instituto Brasileiro de Educação, Ciência e Cultura.

> O conceito de liberdade que possa valer para um espécime, uma pessoa, possivelmente também valerá para a espécie, tendo em vista que o conhecimento não é individual, mas construção coletiva. É nesse sentido que se deve discutir o conhecimento atual ou futuro, sobre a vida planetária da qual somos parte e na qual interferimos. (Menezes, 2005, p. 256)

A conduta contida em um corpo perfeitamente disciplinado gritava a força inspiradora de possibilidades de estar na academia para muitas mulheres que se seguiram. Uma autoridade dialógica expressa em uma prática de liberdade com responsabilidade e autonomia. Em suas lições comprometidas com o fazer pedagógico, Dona Beatriz foi sempre o ancoradouro do movimento estudantil e se aproximava dos pensamentos freirianos de uma pedagogia ética e crítica (Freire, 1996).

Finalizo com mais uma frase de Dona Beatriz sobre ensinar a Física como uma prática de liberdade:

> **Beatriz**: Tudo que nós enxergamos, que vemos através de nossos sentidos e que procuramos dar uma explicação, é uma forma de estar realizando um estudo de ciências. (Entrevista pessoal, 2005)

**Figura 1**: Silvania e Beatriz durante a 64ª. SBPC São Luiz, 2012

**Fonte**: Acervo pessoal

## UFMG jovem: Conhecimento para todos

Em 1997, a Universidade Federal de Minas Gerais- UFMG sediou a 49º Reunião Anual da Sociedade Brasileira para o Progresso da Ciência e dentro da programação estava a organização da 5ª SBPC Jovem. Esse evento foi coordenado pela D. Beatriz com o objetivo de promover a divulgação dos conhecimentos científicos e afins entre os estudantes, professores e ao público em geral. Outro elemento apontado no relatório do evento[8] foi a apresentação de trabalhos produzidos no ambiente escolar.

> "Há cerca de 5 anos, a diretoria da SBPC, comungando com a preocupação mundial referente a necessidade de divulgação científica entre os jovens, decidiu, abrindo um espaço, denominado SBPC jovem, onde são previstas atividades destinadas ao público infantil, aos adolescentes e aos professores de 1º e 2º graus." (relatório **5ª SBPC jovem, 13 a 18 julho 1997**)

O relatório do evento registra a importância de envolver a comunidade acadêmica na difusão das ciências e aproximar, de forma descontraída e dinâmica, o cientista do público não especialista. O sucesso da ação, na qual a Beatriz mobilizou vários setores da universidade, viabilizou a criação da primeira Reunião Anual da UFMG JOVEM, no período de 26 a 28 de fevereiro de 1999, com a participação de 12 mil pessoas em 68 oficinas e 40 exposições. O evento foi marcado pela interdisciplinaridade e pelo encontro intergeracional. Com destaque para o envolvimento das crianças nas atividades propostas pela comunidade acadêmica e uma forte presença na mídia impressa e televisiva.

A cobertura pela mídia impressa anuncia a abertura das inscrições gratuito para alunos, professores e funcionários de escolas públicas (de 15 de janeiro a 5 de fevereiro) em todas as atividades previstas. A jornalista Ellen Cristie no Estado de Minas de 12 de janeiro de 1999, clama "UFMG sob a magia dos jovens" usando uma imagem da oficina Química na Cabeça oferecida na SBPC jovem coordenada pelo jovem professor Alfredo Matheus da Colégio Técnico da UFMG.

---

[8] Relatório acervo Diretoria de Divulgação Científica PROEX-UFMG.

No mesmo jornal impresso de circulação nacional, Divina Mourão, após a manchete: "UFMG abre suas portas à população- Primeira reunião da UFMG jovem é o caminho para socializar o saber produzido na universidade" enuncia o objetivo central do evento:

> Levar ao grande público a compreensão dos conhecimentos acumulados na universidade, sobretudo aqueles produzidos nessa instituição e que são em última análise financiados pela sociedade. É com esta proposta de popularização dos estudos e pesquisas, de uma universidade aberta que promova a educação informal, atraindo crianças, jovens e pessoas da terceira idade ... **Divina Mourão. Jornal Estado de Minas (25 de janeiro de 1999) – Caderno de Ciência e Tecnologia pag. 10**

Impossível deixar de registrar a atuação da dra. Maria Helena Michel, técnica administrativa na época no Departamento de Física como coordenadora administrativa com a gestão geral de todas as fases de produção do evento. A jornalista Lydia Hermanny, faz a chamada "Entre na UFMG sem vestibular", no mesmo jornal de grande circulação, em 5 de fevereiro de 1999. Essa matéria que antecede o evento privilegia o aspecto do engajamento de diferentes setores da universidade no evento. Um exemplo é a atividade oferecida pelos jovens que frequentam grupos educativos no ambulatório Bias Fortes, do Hospital das Clínicas, iniciativa do departamento de Pediatria da Escola de Medicina da UFMG. "Confusões na Adolescência. Vacilou. Dançou" foi uma montagem em forma de fotonovela apresentada na lona de circo da Praça de Serviços no dia 28 de fevereiro. Nas palavras dos adolescentes de 17 anos da Escola Estadual General Carneiro II de Sabará, "no grupo podemos discutir sobre sexualidade, gravidez, mantendo um diálogo aberto que não encontram em casa". A coordenadora do projeto, a médica Solange Miranda, registra: A UFMG jovem é fantástica para divulgar o conhecimento que ela (a UFMG) constrói e para multiplicar experiências como a do grupo".

Tacyana Arce, em uma matéria do Estado de Minas anunciando a abertura do evento, destaca a expectativa de pessoas de diferentes regiões do estado, mobilizados pela programação diversificada, como veremos adiante na imagem 2. Ela registra igualmente o objetivo principal segundo a Dona Beatriz:

> Esse conhecimento está muito relacionado à tecnologia que utilizamos no dia-a-dia, no forno de micro-ondas, na máquina de lavar. As pessoas utilizam esta tecnologia sem conhecê-la. Utilizam como alguém que recebe um pacote pronto, sem pensar sobre aquilo.

**Figura 2**: Expediente Jornal J-Jovem (28 fevereiro de 1999)

**Fonte**: acervo DDC-PROX-UFMG

A jornalista registra igualmente o aspecto dialógico do evento, no qual o contato com a comunidade provoca o cientista a criar novas formas de comunicar seu fazer, novos objetos de conhecimento e novas linguagens acessíveis, mais uma vez com uma visão política da produção do conhecimento científico. Nas palavras da Dona Beatriz:

> Para muitos pesquisadores é um verdadeiro desafio conversar com quem não seja do meio acadêmico, mas é preciso difundir o conhecimento, principalmente nos países em desenvolvimento. Tacyana Arce. **Jornal Estado de Minas (23 de fevereiro de 1999) – Caderno CAMPUS EXTENSÃO pag. 8**

**Figura 3**: Jornal Estado de Minas (23 de fevereiro de 1999): Caderno CAMPUS EXTENSÃO pag. 8

Fonte: acervo DDC-PROX-UFMG

Em entrevista publicada na edição experimental do **Jornal J-Jovem (28 fevereiro de 1999)**, D. Beatriz destaca a incompreensão, naquele momento, da importância desse tipo de evento para a criação de vínculos entre a comunidade acadêmica e população, inclusive para a visibilidade do processo de produção do conhecimento e do trabalho do cientista. Esse veículo de divulgação circulou durante as primeiras edições do evento, como publicação da oficina 'O processo de produção de uma publicação jornalística" coordenado pelo Prof. Márcio Simeone do Departamento de Comunicação da Faculdade de Filosofia e Ciências Humanas FAFICH-UFMG. E mais uma vez apela pela continuidade da promoção da circulação do conhecimento científico na sociedade, distribuído de maneira livre como exercício de uma prática democrática. Dona Beatriz, em sua prática cotidiana, sempre exerceu liderança comprometida, autônoma e formadora de uma nova geração. Pensar e mobilizar o futuro é uma forma de esperançar!

> Eu, como já estou velha, não tenho a intenção de continuar este projeto, mas há Perspectivas de pensar um grupo para dar continuidade ao evento...

Finalmente, um evento de mobilização do grande público é realizado por muitas mãos, braços e mentes: as jornalistas de periódicos de grande circulação, os coordenadores das oficinas, os técnicos anônimos de múltiplos setores de estrutura, os jovens protagonistas das atividades inscritas para acolherem ao público de todas as idades, os pais e mães e familiares que empenharam em estarem presentes com seus filhos, filhas e dependentes, os participantes fortuitos que pela causalidade estiveram no presente nesta primeira UFMG jovem. Este evento que agrega inúmeras formas de comunicação pública da ciência e viveu diferentes formatos em suas 24 edições (Nascimento et al, 2022, p.77). Podemos estimar que a UFMG jovem já acolheu aproximadamente 5 mil estudantes protagonistas de exposições e 100 mil pessoas do público em geral e, representará sempre a semente de futuro plantada por essa mulher incrível: Beatriz Alvarenga!

## Encruzilhadas do futuro

Melo (2023) ao relatar a oficina desenvolvida pelo Instituto de Ciências Periféricas (ICP), organização dedicada, entre outras ações, a fortalecer e valorizar as cosmotécnicas periféricas, destaca as encruzilhadas como momentos de tensionamentos causados pela confluência, não necessariamente amistosa, de agentes humanos e não humanos no processo de aprender. Para o jovem comunicador das ciências, a comunicação das ciências representa o enfrentamento do efêmero a partir de uma visão do tempo ancestral circular do Dikenga dia Kongo. A noção de encruzilhada como operador conceitual, emerge no estudo de Leda Martins sobre a performance dos Congados mineiros. Esse operador conceitual possibilita a interpretação do transitório sistêmico e epistêmico que emergem de processos inter e transculturais e confluem em práticas performáticas e em troca de saberes (Martins, 2003, p. 69). Interpretar o tensionamento entre o comunicador das ciências e seus públicos sempre foi um grande desafio para a pesquisa na área. A aplicação de epistemologias não ocidentais para como outros operadores êmicos e epistêmicos poderá ter uma chance de compreender o brilho nos olhos, o encantamento e o agenciamento de experiências aqui relatadas. A comunicação pública das ciências presente na ação de precursores como Dona Beatriz é herdeira de uma formação discursiva eurocêntrica que forjou o desenvolvimento na América Latina. As ações daquela época ficavam entre a difusão, a vulgarização e a popularização e ainda entre a educação formal e não formal. Foi um tempo de abrir os caminhos em amplas semeaduras. No presente, esse é um campo emergente que busca novas formas de mobilizar o conhecimento do público, aproximar os fazeres das ciências e dos cientistas das práticas cidadãs e promover encontros entre mais do que duas culturas! A divulgação científica representa muitas encruzilhadas performativas, nas quais os agentes são infinitos entre não humanos e também cientistas, engenheiros, crianças, profissionais de rua, não especialistas, nossos mestres ancestrais...

## Agradecimento

Agradeço à equipe da Diretoria de Divulgação Científica da Pro Reitoria de Extensão da Universidade Federal de Minas Gerais pelo acesso aos relatórios e arquivos de documentação.

## Referências

FREIRE, Paulo. **Pedagogia da autonomia: saberes necessários à prática educativa** / Paulo Freire. – São Paulo: Paz e Terra, 1996. – (Coleção Leitura)

LINO, Tayane Rogeria e MAYORGA, Cláudia. Sobre a enunciação de mulheres negras na ciência: uma análise da produção intelectual de Gloria Anzaldúa e Bell Hooks. **Ayé Revista de Antropologia**. Dossiê as contribuições de intelectuais negras para as ciências humanas e sociais. Vol 3 (1). 2021. https://revistas.unilab.edu.br/index.php/Antropologia/article/view/774/477. Acesso em: 19 de junho 23.

NASCIMENTO, Silvania Sousa do, SILVA, Maclóvia da e GONZÁLEZ, María Engenia Ávila. **México y Brasil: miradas juveniles de la gestión del agua**. Editora Atafona: Belo Horiozne. 2022. disponível em: https://bit.ly/3DR6Otd. Acesso em: 24 de junho 2023.

MARTINS, Leda. Performances da oralitura: corpo, lugar da memória. **Letras. Língua e literatura: Limites e Fronteiras**. (26). junho 2003. https://periodicos.ufsm.br/letras/article/view/11881 acessado em 24 de junho 2023.

MELO, Gabriel Verçosa. **Reflexões sobre a comunicação pública de ciências a partir do DIKENGA DIA KONGO**. Monografia do curso de Especialização em Comunicação Pública da Ciência- AMEREK. FAFICH-UFMG. 2023

# BEATRIZ ALVARENGA E EU

*Arjuna Casteli Panzera*

O PRIMEIRO contato com a Profª. Beatriz foi quando iniciei a minha carreira docente em 1971 e adotei os livros didáticos que ela escreveu com o Prof. Antônio Máximo. O que me chamou atenção nos seus livros foi o fato de conterem uma visão da Física mais voltada ao cotidiano e com sugestões de experiências usando materiais simples. A maioria dos livros didáticos adotados na época tinha uma visão da Física muito matematizada, o que gerava dificuldades adicionais para a compreensão dessa disciplina. Os livros da Beatriz estavam mais próximos da minha concepção do que seria um bom Ensino de Física e me ajudaram a implementar um ensino mais ligado a vida cotidiana dos alunos.

O meu encontro pessoal com a professora se deu cinco anos depois do encontro com suas obras, em 1976, quando fui convidado a integrar o Grupo de Ensino de Física do Instituto de Ciências Exatas (ICEx) da UFMG coordenado por ela. Esse Grupo surgiu em 1975, época em que ela promovia uma reformulação no ensino experimental de Física no ciclo básico do ICEx, junto com o Prof. Arthur Eugênio Quintão Gomes do Colégio Técnico da UFMG. Esse trabalho inicial foi ampliado quando a Reitoria criou um grupo de trabalho, sob a coordenação da Beatriz, para enfrentar os altos índices de reprovação em Física observados no ciclo básico e melhorar a qualidade do ensino do ICEx.

Eu integrei esse Grupo de Ensino porque professores oriundos do Ensino Secundário foram convidados a participar na suposição que eles conheceriam e poderiam lidar melhor com as dificuldades dos alunos que entravam na Universidade. A tarefa inicial desse Grupo era propor novas metodologias e elaborar novos materiais didáticos. O Grupo buscou inspiração nos grandes projetos de ensino que existiam na época como: Projeto Harvard, Universidade Simon Bolivar, Projeto Nuffield entre outros.

O trabalho inicial focado no Ensino de Física do ICEx, foi ampliado para a capacitação de professores da rede estadual de Minas, isso ocorreu já em 1977, quando o Grupo de Ensino, organizou o Iº Encontro Estadual de Professores de Física do 2º Grau. Esse encontro foi uma iniciativa da Secretaria de Ensino da Sociedade Brasileira de Física (SBF) que contou com o total apoio do Grupo de Ensino. Esse evento durou uma semana e envolveu um número grande professores vindos de várias partes do Estado. Nesse evento além de palestras e cursos foram feitas enquetes para avaliar demandas dos professores em relação a suas necessidades formativas.

A partir desse encontro iniciou-se uma longa parceria entre a Secretaria de Estado da Educação de Minas Gerais (SEE-MG) e o Grupo de Ensino. O meu trabalho com a Profª. Beatriz continuou então, com o "Projeto Melhoria do Ensino de Física para o 2º Grau". Esse projeto envolvia a capacitação em serviço dos professores e o desenvolvimento de Kits de material experimental para serem oferecidas às escolas e o treinamento para a utilização dos mesmos. Fizemos várias viagens em cidades do interior de Minas, para verificar as instalações e monitorar a utilização dos Kits.

Participei também com a Profª. Beatriz da organização de vários eventos ligados à promoção do Ensino de Física, entre eles destaco pela sua importância e dimensão: IIª Reunião Latino Americana sobre Educação em Física, promovida pelo Centro Latino Americano de Física, UNESCO e UFMG, evento realizado em 1978 em Belo Horizonte. O outro evento relevante foi o "V Simpósio Nacional de Ensino de Física" promovido pela SBF, em 1982, realizado nas dependências da UFMG que teve ampla participação de professores do ensino secundário de Minas. Em 1997 participei com ela, da organização do XII Simpósio Nacional de Ensino de Física promovido pela SBF, realizado também na UFMG.

Como tinha em minha casa uma pequena oficina de marcenaria e sempre construí materiais para uso nas aulas de Física, Beatriz, sabendo disso, me encomendou, em 1984, a construção de 10 malas contendo os materiais experimentais correspondentes aos experimentos sugeridos no livro I de mecânica de sua autoria. Ela passou a usá-las em cursos de divulgação de seus livros em diversas cidades brasileiras.

Depois de aposentada, a Profª. Beatriz organizou um escritório, próximo a sua residência em BH, foto 1, para receber professores de todo o Brasil. Esse local tinha uma biblioteca com obras exemplares de Física e Ensino de Ciências. Nos anos de 2007 e 2008, coordenei as disciplinas de Física do Curso de Imersão, que fez parte do "Programa de Educação

Continuada de Professores: Estudo dos Conteúdos Básicos Comuns" promovido pela SEE-MG; nesse curso, 11 turmas de 30 professores, do interior do estado, ficavam 30 dias em BH e nesse período planejei, para cada turma, a visita de uma tarde, em seu escritório. Os professores apreciaram bastante essa visita e certamente essa experiência que ficou marcada em suas vidas.

**Figura 1**: O escritório de Beatriz

**Fonte**: Acervo da professora Arjuna

Tenho pela Profª. Beatriz uma profunda gratidão, pois ela teve uma importância inestimável na minha vida profissional que começou pela minha contratação para integrar Grupo de Ensino sob sua liderança. Ser parte do corpo docente da UFMG é um sonho de qualquer um que se considera vocacionado para o magistério. Para mim não havia melhor lugar para me realizar profissionalmente, pois ingressei ainda muito jovem na UFMG. Na Universidade tive uma trajetória muito rica, em termos de aprendizagem e de relacionamentos pessoais, criando ligações de amizade que irão durar para sempre. Trabalhei inicialmente com ensino superior no ICEx, depois fui para o Colégio Técnico e finalmente no Centro de Ensino de Ciências – CECIMG da Faculdade de Educação.

A Professora Beatriz foi um exemplo para mim como profissional e como pessoa. Como profissional assumia compromissos e era muito responsável; não perdia o foco nos resultados que buscava. Dialogava com todos e buscava consenso, com isso ela adquiriu o respeito dos professores do Departamento de Física e da comunidade universitária. Eu tive o privilégio de trabalhar com ela ao longo de toda minha vida profissional de quase quatro décadas e tenho muita gratidão pelo que aprendi em termos de dedicação a causa do ensino e de sua sabedoria para lidar com os jovens e os colegas. Ela vai ser sempre uma referência inesquecível sobre todos os pontos de vistas. A ela minha gratidão eterna.

## COMO ME IMPRESSIONA ATÉ HOJE, ESTA PROFESSORA...

*Conceição Barbosa Lima*

Q UANDO peguei o computador para escrever sobre Beatriz e Eu logo pensei na responsabilidade que estava sendo a mim atribuída. Beatriz é uma e são muitas... a professora, a divulgadora da física, a curiosa, a incansável, a que gosta de dançar, a que vive rodeada de pessoas mais jovens, muito mais jovens que ela, enfim.... Beatriz é Beatriz.

Quem me apresentou Beatriz foi Susana de Sousa Barros em um SNEF que aconteceu na UFRJ e que tive, pela primeira vez, a oportunidade de auxiliar a organizar. Susana chamou-me e disse: faça companhia a ela. Eu logo pensei: quem é ela? E esta pergunta deve, certamente ter ficado expressa em meu rosto porque Susana, muito astuta, logo me disse: não vai dizer que não conhece Beatriz?! Beatriz Alvarenga, de Minas! Eu não conhecia. Situação difícil que passei. Liguei logo o nome ao livro. Mas, não conhecia aquela senhora elegante e comunicativa que Susana havia me delegado acompanhar.

Fomos para o auditório. Lá chegando fui posta de escanteio, todos a conheciam e queriam sua companhia. Fui dispensada da tarefa. Assim conheci Beatriz, com quem em muitas e diversas ocasiões, a partir desta data estive.

Foram tantos os encontros... Em minha cabeça há agora um burburinho de recordações. Selecionarei algumas.

No XII SNEF realizado em Londrina Paraná, organizado por Roberto Nardi, em 1993, houve uma homenagem à Beatriz pelos seus 70 anos. Lembro que eu e Arden Zylbersztajn estávamos na soleira do hotel aguardando a condução que nos levaria ao local da homenagem. Enquanto aguardávamos, contando com uma idade por volta dos 40 anos, mais ou menos, discutíamos a disposição de Beatriz. Nós com menos idade não aguentaríamos o que ela fazia, quando Arden disse: no aniversário de 90 anos eu venho de smoking ao que respondi de imediato eu de longo! Não usamos nossas roupas "chiques" para comemorar os 90 anos de Beatriz, mas a homenageamos agora aos 100 anos.

Naquela homenagem, a dos 70 anos, depois de discursos e presentes, seguiu-se um coquetel. Não satisfeitos e mesmo tendo que estar a postos no dia seguinte no Simpósio, decidimos sair para dançar. Quem estava junto? Beatriz! Você vai pensar, foi só para não fazer desfeita da ideia dos mais jovens e foi embora logo. Não. Ficou até tarde, bebeu, dançou, parecia que a festa era de 15 anos.

Em outra ocasião, anos mais tarde a convidei para uma palestra na UERJ, coisa pequena, só para meus alunos. Nesta ocasião eu ministrava Instrumentação para o Ensino e discutia alguns livros didáticos. Ora, para que eu apresentar e discutir o livro da Beatriz se tinha acesso à autora? A convidei e ela aceitou. Avisei aos estudantes que eles receberiam uma senhora e pedi que se comportassem. Isto significava dizer: compareçam, participem e, principalmente, respeitem o horário. Minha preocupação era a de deixarem Beatriz falando sozinha.

Ela entrou em sala, com duas maletas pesadas que trouxera de Belo Horizonte. Às 18h foi o início da conversa, como ela mesma disse. Às 22h eu tentei encerrar a conversa pela primeira vez, ela deu uma risada e olhando para mim disse: mas está tão bom, deixa os meninos!

Deixei. Às 23h tive que usar minha autoridade com todos para encerrar a conversa. Com os estudantes e com ela.

À saída, todos queriam levar as maletas, estavam eufóricos, Beatriz seduziu meus meninos e meninas. Se algum deles tinha dúvida sobre seguir a licenciatura, ali se decidiu. Esta visita de Beatriz rendeu por várias semanas, mesmo depois de terminado o semestre.

Em outra ocasião, houve uma reunião de pró-reitores de graduação em Belo Horizonte e eu acompanhei a pró-reitora neste evento, avisei Beatriz que estava em BH e de imediato ela marcou de pegar-me na UFMG para um almoço no dia seguinte. Durante este almoço, combinamos de ir eu e a pró-reitora junto com Beatriz e seu marido Celso a Tiradentes e a São João del Rey. Fim de semana divertidíssimo e cansativo. Cansativo para mim e para a pró-reitora que me dizia: avisa a ela que nós não temos a idade dela, tal era a vitalidade de Beatriz.

Hoje homenageio minha amiga, minha mestra por seus cem anos. Anos generosos, sinceros, cultos, afáveis, hospedeiros. Anos que souberam dar a mãos cheias formação e informação, sentidos e orientações.

Mesmo com os 420 quilômetros que nos separam, mesmo não tendo sido sua aluna, sua influência em minha prática eu a sinto muito grande e forte. Tive sorte, muita sorte de Susana ter um dia me confiado Beatriz!

Parabéns, Beatriz! Pela vida!

# BEATRIZ E EU

*Helder de Figueiredo e Paula*

ANTES de compartilhar com os leitores e as leitoras deste texto informações sobre a influência de Beatriz Alvarenga na minha vida, eu acho necessário me apresentar brevemente. Assim como Beatriz, eu dediquei toda a minha vida profissional ao ensino da Física e à divulgação das ciências. Hoje, aos 59 anos, eu completo 37 anos de atuação como professor de Física, tendo trabalhado tanto na Educação Básica, quanto no Ensino Superior. Também compartilho com Beatriz a experiência de coautoria em livros didáticos que, no meu caso, foram destinados aos quatro últimos anos do Ensino Fundamental.

A influência da Beatriz na minha vida ocorreu desde muito cedo, quando eu ainda estava no curso de 2º grau (atual Ensino Médio). Os livros didáticos que me introduziram na Física nesse período foram escritos pela Beatriz em parceria com o professor Antônio Máximo. Eu os herdei dos meus irmãos mais velhos e os mantenho comigo até hoje.

No 2º grau houve uma professora cuja influência me proporcionou, anos mais tarde, a oportunidade de conhecer e conviver com a Beatriz. Trata-se de Rosaura de Magalhães Pereira que foi minha professora de Física no 2º ano e influenciou minha decisão por prestar vestibular para o curso de Física na UFMG. Quando eu conclui minha graduação, Rosaura era presidenta do SindUTE: o sindicato de trabalhadores em educação da rede estadual. Logo depois de formado, eu me tornei militante político-sindical e, assim como Rosaura e Beatriz, passei a defender com afinco o direito de todos e todas a uma educação de qualidade.

Outro professor do 2º grau que faz parte da minha história com a Beatriz é Celso Álvares, professor de língua portuguesa e que mais tarde eu descobriria ser esposo da Beatriz. Eu não tive o privilégio de ser aluno da própria Beatriz, mas tive a oportunidade de conviver com ela e eu me considero seu discípulo. Quando passei a visitar Beatriz em sua casa, já como professor de Física, eu reencontrei o professor Celso e pude aproveitar, novamente, seu humor ácido e suas observações críticas acerca de todo e qualquer assunto em pauta.

As ocasiões em que tive a oportunidade de conviver e conversar com Beatriz e Celso permitiram que Beatriz conhecesse meu gosto pelo teatro. Em 1997, quando Beatriz aceitou coordenar a primeira SBPC Jovem da história da Sociedade para o Progresso da Ciência, ela me convidou para integrar a equipe que concebeu a programação cultural do evento. A primeira SBPC Jovem ocorreu em Belo Horizonte, no campus da Pampulha da UFMG, durante 49ª Reunião Anual da SBPC. Estimulado pelo convite da Beatriz, eu escrevi e dirigi duas peças teatrais de divulgação científica: o teatro de bonecos "Sol Bebê e seus amigos planetinhas" e o espetáculo "Galileu não subiu na torre de Pizza", que foi encenado por alunos do último semestre do Curso oferecido pelo Núcleo de Estudos Teatrais de Belo Horizonte (NET).

Há características da Beatriz que certamente influenciaram as escolhas e orientações que adotei na minha prática profissional: a atividade guia de toda minha vida adulta. Beatriz era muito crítica daquilo que ela produzia e essa insatisfação permanente com materiais produzidos por ela e considerados muito satisfatórios por seus pares foi algo que me chamou muita atenção. Assim, por exemplo, em vez de comemorar o sucesso editorial da obra Curso de Física que ela escreveu em parceria com o professor Antônio Máximo, Beatriz frequentemente lamentava não ter surgido "algo melhor".

Eu fiz pouco uso da obra Curso de Física como professor, pois segui os passos da Beatriz e preferi escrever os textos didáticos usados nas escolas, faculdades e universidades onde trabalhei. Assim como Beatriz, eu sempre fui muito crítico em relação aos materiais didáticos que eu produzi. Como a maioria desses materiais nunca foi publicado comercialmente, eu tive a oportunidade de reelaborá-los constantemente, quer seja para atualizá-los ou para aperfeiçoá-los.

Diferentemente de outros autores de livros-didáticos preocupados em acentuar o formalismo matemático da Física, Beatriz e Antônio Máximo trouxeram para o Curso de Física a ênfase na interpretação conceitual e qualitativa dos fenômenos físicos, bem como a ilustração de conceitos e modelos por meio de experimentos sugeridos ao final dos capítulos. A importância dada à realização de experimentos em sala de aula foi outra influência marcante da Beatriz sobre a minha prática profissional.

Em quase todas as aulas que eu dei durante os meus 37 anos como professor de Física eu levei algum material para sala de aula e fiz algum tipo de experimento. Nas escolas que não contavam com laboratório e equipamentos experimentais eu subia e descia as escadas com malas e outras traquitanas.

Meu último contato regular com Beatriz ocorreu há uns dez anos quando Beatriz aceitou a sugestão de amigos e amigas e permitiu que nós inventariássemos os brinquedos e equipamentos que ela reuniu ao longo de suas inúmeras viagens pelo mundo. Beatriz e Celso moravam em um dos apartamentos de um pequeno prédio no bairro Floresta em Belo Horizonte. Outros apartamentos do mesmo prédio eram ocupados por irmãos e irmãs de Beatriz. Quando um desses apartamentos ficou vago, Beatriz o adquiriu e o utilizou para montar uma espécie de exposição de brinquedos e equipamentos que permitiam a experimentação na Física. Esse trabalho, todavia, foi interrompido porque Beatriz teve de assistir a parentes que adoeceram entre os quais o próprio marido, o Celso, que veio a falecer. A tristeza por perdas consecutivas de suas pessoas queridas teve um enorme impacto na saúde física e mental da Beatriz e o inventário que começamos a realizar foi interrompido.

# BEATRIZ, UMA LEMBRANÇA INESQUECÍVEL, LUZ NO NOSSO CAMINHAR DE EDUCADORAS E EDUCADORES

*Francisco de Borja López de Prado*

BEATRIZ. Ao escrever o nome da nossa querida Educadora Beatriz revivem em mim as lembranças dos momentos em que ela nos ouvia e escutava com muita atenção quando contávamos para ela nossa maneira de ensinar Física e as dificuldades que nisso encontrávamos.

As suas orientações eram sempre um abrir caminhos para uma atividade de ensino-aprendizado que contribuía para transformar o professor em educador, o aluno em educando e o livro de texto de Física numa descoberta da realidade acontecendo no nosso meio.

Tempos depois, o inesquecível amigo fraterno Pompeu, Luiz Pompeu de Campos, me propôs fazer uma leitura do livro de Paulo Freire, Pedagogia do Oprimido. Nessa leitura comentada por Pompeu e por mim, aprendemos que ninguém se educa sozinho, nos educamos uns com os outros mediatizados pelo mundo. Era isso que Beatriz. nos dizia em outras palavras e sobretudo com sua prática como educadora.

As suas orientações eram muito coerentes com sua atividade como educadora. De fato, Beatriz procurava olhar para a realidade e descobrir lá os fenômenos físicos acontecendo, descrevê-los com linguagem do dia a dia e, a seguir, mostrava as leis e teoria da Física que descreviam esses fenômenos.

Vários daqueles que a Beatriz orientava começavam a vivenciar essa maneira de ensinar física. Lembro a esse respeito que Orlando, Hélder, Adelson e eu nos reuníamos semanalmente para refletir e melhorar nossa atividade de ensino. Procurávamos vivenciar as sugestões da Beatriz e de Paulo Freire. O desafio para nós era descobrir na realidade fenômenos físicos acontecendo referentes a um dado tema da Física. Além disso, identificado esse fenômeno físico orientávamos os educandos para que vivenciassem esse fenômeno e depois contassem em sala de aula o que tinham vivenciado.

A Beatriz falava que se pode aprender Física viajando em pé no ônibus. Lembrei também de um conselho que Paulo Freire nos deu a mim e a Arjuna Casteli Panzera quando estávamos iniciando o mestrado. Paulo sugeria a importância de identificar e descobrir a Física nas atividades do corpo humano. Foi seguindo essas ideias da Beatriz e de Paulo Freire que Adelson, Hélder, Orlando e eu elaboramos a atividade que passo a descrever resumidamente.

Queríamos propor o conceito de inércia. Conversamos sobre várias situações em que à inércia estava presente ao alcance de um olhar atento. Propusemos para nossos educandos, que quando viajassem em pé no ônibus reparassem o que acontece com seu corpo quando o ônibus arranca, viaja sem mudar a velocidade, entra numa curva, freia. Ao descrever o que tinham percebido no ônibus, diziam: fui puxado para trás, para a frente, para os lados, mas quando o ônibus se movimentava tranquilamente (em linha reta e com velocidade constante) podíamos ficar em pé direitinho sem nos segurarmos em nada. Depois disso elaborávamos em com junto com os educandos um texto falado reunindo essas vivências e introduzido os termos força, velocidade, movimento. Finalmente convidávamos aos educandos que lessem no livro-texto o conceito de inércia e a primeira lei de Newton. Vejam só dizíamos, o que vozes nos descreveram, Galileu e Newton falaram, mas com outras palavras.

Beatriz, foi com você que aprendemos a ser mais atentos à realidade dos fenômenos físicos acontecendo, mais preocupados na procura de metodologias de aprendizado de Física que nos transformassem verdadeiramente em educadores e educandos.

Beatriz, somos muito gratos a você por seu exemplo de educadora e somos felizes porque, cada um, cada uma de nós, descobrimos nosso caminho de educadores e educadoras e caminhamos em harmonia compartilhada, à luz da sua inesquecível caminhada educacional.

Beatriz, você continua presente nos nossos corações e nas nossas práticas educacionais.

# MINHA CONVIVÊNCIA COM A PROFESSORA BEATRIZ ALVARENGA

*José Guilherme Moreira*

O OBJETIVO deste relato é apresentar minha convivência com a prof.ª Beatriz, contando um pouco do trabalho dela no Departamento de Física da Universidade Federal de Minas Gerais e em outros espaços que compartilhamos, para tentar mostrar a influência do trabalho por ela realizado durante sua trajetória acadêmica na área de Ensino de Física.

## Contato inicial

Em 1968, ocorreu a Reforma de Ensino e foi criado o ICEx – Instituto de Ciências Exatas da UFMG e seu Departamento de Física (DF). Esse Departamento agrupou professores oriundos das Escolas de Engenharia e de Farmácia e da Faculdade de Filosofia, onde já existia o curso de Física. A prof.ª Beatriz lecionava nas duas Escolas, veio para esse Departamento e foi uma das mais atuantes na sua formação, tanto na parte acadêmica, quanto na administrativa.

Eu comecei a fazer o curso de Física em 1973 e o primeiro contato que tive com ela foi em 1975. Nessa época, os monitores eram responsáveis por algumas aulas experimentais de Física Geral e ela era a coordenadora desses laboratórios. Esse contato durou aproximadamente um ano e algumas posições e condutas que ela assumia me marcaram.

Desde essa época, ela se preocupava em apresentar uma Física relacionada com fenômenos do cotidiano, com menor preocupação com o formalismo, o que eu tentei sempre seguir. No contato com os estudantes, seu comportamento, além de muito respeitoso, era de escuta, ouvir o que eles tinham a dizer para entender o que poderia ser feito.

## O Projeto de Ensino em Física Geral

Na década de 1970, a prof.ª Beatriz criou o GEF – Grupo de Ensino de Física que desenvolveu o Projeto de Melhoria do Ensino de Física no Nível Médio para a SEE/MG e que também começou um processo de reformulação do ensino de Física Geral no ICEx. Esse processo de reformulação consistia numa proposta para as disciplinas de Física Geral I, II e III que eram ministradas pelos professores do DF para o Ciclo Básico de Ciências Exatas e abrangia, na época, os cursos de graduação em Física, Matemática e Química do ICEx e os seis cursos da Escola de Engenharia.

Eu concluí o Bacharelado em 1977 – não fiz a Licenciatura e, infelizmente, nunca fui aluno dessa professora – e comecei a fazer o mestrado logo em seguida. No 2º semestre de 1978 entrei como professor no DF e, no 1º semestre de 1979, comecei a lecionar a Física Geral I que adotava a dinâmica proposta pelo GEF:

- **Turmas reduzidas** – a sala de aula tinha 9 bancadas com um grupo de 3 estudantes em cada bancada, então havia o limite de 27 alunos por turma;
- **Teoria junto com experimentos** – eram 7 aulas por semana (cada disciplina tinha 105 h) e o mesmo professor era o responsável pelas aulas teóricas e pelas aulas experimentais;
- **Avaliação com projeto experimental** – a avaliação da disciplina era constituída de três partes: duas provas teóricas, os relatórios das aulas experimentais e um projeto experimental desenvolvido pelo grupo de três estudantes;
- **Livro-texto** – quando comecei, na Física I, se utilizava um texto que estava sendo elaborado pelo GEF, mas esse projeto, infelizmente, não teve continuidade e se retornou a utilizar o Halliday & Resnick.

Para mim e para vários colegas, essa dinâmica era excelente porque, com turmas pequenas, tínhamos um contato mais próximo com os alunos; a união das aulas teóricas e experimentais permitia que se pudesse fazer um planejamento da disciplina mais coerente; e o projeto experimental aumentava muito o interesse da maioria dos estudantes pela Física. No entanto, isso não era consensual, alguns colegas tinham restrições à junção da teoria com os experimentos, outros ficavam incomodados com o trabalho 'extra' que os projetos demandavam.

Com a descontinuidade desse projeto, a prof². Beatriz se afastou, momentaneamente, do ensino de Física Geral e foi lecionar as disciplinas de Instrumentação para o Ensino de Física para a Licenciatura. O GEF foi desativado, mas de certa forma serviu de embrião para os grupos de pesquisa em Ensino de Física que seriam implementados no Colégio Técnico (Coltec) e na Faculdade de Educação (FaE).

A dinâmica na Física Geral proposta pelo GEF – turmas pequenas, englobando teoria e experimento, e o projeto experimental – foi utilizada pelo DF durante um tempo razoável. Em 1986, lecionei para uma turma que ainda teve aulas nesse molde, mas depois esse formato foi descartado pela dificuldade de se ofertar turmas tão pequenas e de se manter a infraestrutura para os projetos.

Na década de 1980, a prof². Beatriz junto com a prof². Maria de Fátima Satuf Rezende começaram a desenvolver material para um curso de Física Geral que independesse do livro texto – eram roteiros de estudo com os quais o estudante podia seguir o livro que achasse mais adequado, Halliday & Resnick ou Tipler ou Sears & Zemansky ou algum outro semelhante a esses. Eu participei durante uns dois semestres desse projeto, mas apenas como um professor que utilizava o material que elas desenvolveram.

Nessa época, além de continuar defendendo o ensino contextualizado, menos formal, outra grande preocupação que a prof². Beatriz tinha, era com o elevado índice de reprovação nas disciplinas de Física Geral. Ela achava que era pouco produtivo se oferecer somente o mesmo curso para os alunos que não tinham sido aprovados – devia-se oferecer outra opção na forma de ensino que pudesse se adequar melhor a esses estudantes.

## Instrumentação de Ensino de Física

Com a Reforma de Ensino de 1968, foi elaborada uma nova estrutura curricular e a profª. Beatriz participou ativamente desse processo. Uma das características da estrutura que foi proposta para a Licenciatura é que grande parte da carga horária de Prática de Ensino ficou sobre a responsabilidade do DF – duas disciplinas de Instrumentação para o Ensino de Física, com o total de 180 h –, enquanto que o DMTE – Departamento de Métodos e Técnicas de Ensino da FaE ficava com os Estágios e um pouco dessa Prática. A Instrumentação A tinha um objetivo bem experimental e a Instrumentação B focava no uso de recursos didáticos e também em quais os programas de Física possíveis para o Ensino Médio, os livros-texto existentes e como elaborar avaliações – essa foi a disciplina que a profª. Beatriz ministrou durante bastante tempo.

Ela e os prof. Antônio Máximo e Márcio Quintão sempre defenderam a importância de a estrutura curricular da Licenciatura ter uma parte substancial da carga horária de Prática de Ensino sob responsabilidade do DF. Isso sempre foi mantido e, na estrutura curricular atual, esse departamento é responsável por 240 h de um total de 420 h ofertadas com as disciplinas dessa Prática.

## O Vestibular da UFMG

A profª. Beatriz começou a se envolver com o Vestibular na década de 1950, antes da Reforma do Ensino e do Vestibular Único. Ela esteve presente na equipe de elaboração das provas de Física por cerca de 4 décadas, só se afastando quando uma das sobrinhas(os) ia fazer esse exame. O coordenador dessa equipe, desde o início da década de 1960 até o início da década de 1990, foi o prof. Jésus de Oliveira.

A dissertação de mestrado de Simone Aparecida Fernandes, defendida no Programa de Pós-graduação em Física da UFMG em 2004, estuda a relação entre o Ensino de Física no Ensino Médio e os processos seletivos para o Ensino Superior[9]. No Apêndice A dessa dissertação a

---

[9] Dissertação de Mestrado de Simone Aparecida Fernandes. Disponível em: https://bit.ly/3KzLDja. Acesso em: jul/2023.

autora apresenta um histórico do Vestibular da UFMG e o espírito que predominava na comissão elaboradora das provas, que pode ser resumido por estes dois depoimentos:

- do prof. Jésus de Oliveira[10]
"Eu sempre defendia para a comissão que o vestibular tinha duas funções fundamentais, a de barreira – de seleção – [...] e a de servir de espelho para o Ensino Médio[...] A ideia de o quê que a gente estava querendo que se ensinasse, dar algum reflexo para o Ensino Médio. Isso era ponto que era levado em conta na elaboração da prova."

- da profª. Beatriz Alvarenga[11]
"Eu tinha uma tendência de às vezes contar uma historinha para poder fazer a questão em torno daquilo [...] eu era muito voltada a querer fazer isso só para poder fazer uma coisa mais ligada a situações, mais interdisciplinar [...]."

O espírito descrito nesses testemunhos perdurou com as equipes de elaboração que assumiram essa função no início dos anos 1990, até 2012 quando a UFMG passou a utilizar integralmente o ENEM.

## SBPC e UFMG Jovem

Em 1997, a Sociedade Brasileira para o Progresso da Ciência (SBPC) realizou sua reunião anual em Belo Horizonte e a profª. Beatriz, que já tinha 74 anos, foi convidada para coordenar da SBPC Jovem, uma das atividades dessa reunião voltada aos estudantes do ensino básico. O objetivo dessa atividade é "promover o contato de crianças e jovens com o conhecimento científico e com os pesquisadores, para despertar o interesse pela ciência, tecnologia e inovação"[12].

---

[10] Ibid, página 127.
[11] Ibid, página 134.
[12] Disponível em: http://portal.sbpcnet.org.br/sbpc-jovem/. Acesso em: jul/2023.

Esse evento foi um sucesso com a participação de um número imenso de crianças, jovens e de professores de todas as áreas do Ensino Básico. Esses professores deram inúmeros depoimentos elogiando e salientando a importância dessa atividade para aumentar o interesse dos estudantes pela ciência.

Isso fez com que a prof[a]. Beatriz propusesse à Reitoria da UFMG a realização de uma reunião anual semelhante a essa – a UFMG Jovem. Essa proposta foi aceita e ela, além de coordenar a 1ª Reunião em 1999, também coordenou as reuniões de 2000 e 2001. Esse encontro é realizado desde essa época e, em 2023, terá sua 24ª edição, sempre com grande participação de estudantes e professores do Ensino Básico.

## "A casa da Beatriz"

Ao longo de sua carreira, a prof[a]. Beatriz adquiriu muitos livros, a maioria de Física e, em especial, de Ensino de Física. Também juntou inúmeros materiais que ela utilizava para demonstrar um certo fenômeno físico e que ela apresentava em suas aulas. Eram coisas bem simples do nosso dia-a-dia ou brinquedos comprados em feiras ou ainda equipamentos um pouco mais elaborados que ela tinha adquirido nas visitas que fazia a museus de ciência espalhados pelo mundo.

Ela organizou esse acervo – os livros e os materiais –, primeiro em seu apartamento, depois na casa ao lado que pertencia a sua família e que tinha um espaço bem mais amplo. Esse espaço virou um lugar de visitação para vários professores de Física e ela os recebia com a maior disponibilidade, além de um cafezinho, é claro! Nessas visitas, ela ia apresentando alguns materiais e conversando sobre a Física envolvida, logo se lembrava de um livro que tinha na biblioteca que apresentava esse tema e assim ficava nessa dinâmica por um longo tempo, sem pressa. Acho que todos que fizeram essas visitas se lembram delas até hoje.

No final da década de 1990 e início de 2000, a prof[a]. Regina Pinto de Carvalho[13] lecionava uma das disciplinas de Instrumentação para o Ensino de Física e todo semestre organizava uma visita "à casa da

---

[13] Essa professora organizou o livro "Física do dia a dia 1 - 105 perguntas e respostas sobre Física fora da sala de aula", ed. Gutenberga (2003). Esse foi o 1º volume – essa coleção já está no 3º volume.

Beatriz" com seus alunos. Praticamente todos iam e esse era um motivo de conversa na turma durante muito tempo. Quando esses estudantes acabavam a Licenciatura, chamavam a profª. Beatriz para ser a 'patrona da turma' na cerimônia de colação de grau. Quase sempre ela aceitava e depois convidava a todos para uma confraternização na Confeitaria Momo, que era de uma de suas sobrinhas.

## As Palestras

No final da década de 1990 e no meio da década de 2000, fui Coordenador do Colegiado do Curso de Física da UFMG e sempre convidava a Profª. Beatriz para dar a palestra de boas-vindas para os calouros do curso de Licenciatura no noturno. Ela sempre chegava com duas ou três sacolinhas onde trazia seus materiais.

Nessa palestra, ela descrevia o que era ser professor de Física e defendia um ensino mais conceitual, menos formal, com a utilização de pequenos experimentos para salientar que a Física está no nosso cotidiano. Durante a palestra, ela apresentava vários desses experimentos e descrevia como podiam ser utilizados nas aulas do Ensino Médio.

Ao final da palestra, com os materiais espalhados sobre a mesa, ela chamava os estudantes para a frente e falava que eles podiam se divertir com o que ela tinha trazido. Os calouros adoravam, ficavam mexendo nesses materiais e ela circulando, conversando com um ou com outro e perguntando sobre a Física envolvida. Isso durava um tempo enorme, às vezes mais de uma hora.

Por volta de 2005, o MEC, junto com a SBF, fez uma reunião em Brasília para discutir o Ensino de Física e a formação de professores. Eu fui nessa reunião na UNB e, quando estava indo para o Auditório, vi a profª. Beatriz puxando uma mala de rodinhas também indo para lá – ela foi convidada pela organização para dar uma das palestras e já estava com 82 anos! Agora, o público era constituído de Coordenadores de Curso e de membros de uma comissão da SBF, ou seja, todos professores de Física do Ensino Superior. Sua palestra foi semelhante à que dava para os calouros, insistindo na importância de se formar professores que tivessem uma visão da Física menos formal e mais aplicada ao cotidiano. Como fazia com os calouros, foi retirando seus materiais da mala para exemplificar o que estava defendendo. Após isso, houve uma grande salva de palmas e o final foi o mesmo – um bando de marmanjos foi para a frente do auditório brincar com o material que ela tinha trazido e discutir a Física envolvida.

Ela apresentou palestras semelhantes em inúmeros lugares do Brasil, em especial em alguns sábados à noite no Observatório Astronômico da Piedade na atividade que lá era realizada no 1º. sábado do mês organizada pelo prof. Renato Las Casas, do DF. Interessados em ver uma dessas palestras podem ver a gravação feita no IFSC/USP em 2002 – https://www.youtube.com/watch?v=OH5asG7kzGI.

## Os livros para o Ensino Médio

O objetivo principal deste relato é apresentar as várias atividades que a profª. Beatriz realizou com as quais que eu tive algum contato, para salientar a influência de sua trajetória acadêmica na área de Ensino de Física. Infelizmente tive pouco contato com o livros-textos para o Ensino Médio que ela e o prof. Antônio Máximo lançaram em 1969 e que, sem dúvida, é o trabalho que ela realizou que tem a maior importância.

Esses livros começaram a ser escritos quando esses dois professores se encontraram no Colégio Universitário, escola de Ensino Médio que funcionou de 1965 a 1968 na UFMG. A coleção tem 3 volumes – na 1ª edição, o volume 1 tinha capa amarela, o volume 2 tinha capa verde e o volume 3, capa azul – e marcaram várias gerações de estudantes. Essa obra teve inúmeras revisões e a última com 3 volumes é de 2017 e o volume único de 2019.

Em 1976, a editora Harla lançou, no México, a edição do volume único em espanhol. Essa tradução depois foi editada pela Oxford University Press, sendo distribuída também em vários outros países da América Latina.

Esses livros foram escritos antes da formação do ICEx e do DF e todas as revisões foram feitas em paralelo às atividades que esses professores desenvolviam no Departamento. Eles influenciaram uma quantidade imensa de estudantes no Brasil e em boa parte da América Latina, mostrando-lhes que a Física não é um conjunto de fórmulas, é antes de tudo uma forma de se tentar explicar os fenômenos do nosso cotidiano.

## Vídeos com a Prof.ª Beatriz

Como homenagem ao centenário da prof.ª Beatriz Alvarenga, o Departamento de Física da UFMG colocou em seu 'site' – https:// www.fisica.ufmg.br/ – uma página que apresenta um resumo de sua trajetória acadêmica e pode-se enviar depoimentos dos que se sentem inspirados pela sua vida e obra. Também se colocou 'links' para duas entrevistas que ela deu na Rede Minas de Televisão, uma em 1997 e outra em 2004.

Além dessas entrevistas, o vídeo "Memória & Poder com a física Beatriz Alvarenga – 2006", produzido pela Assembleia de Minas Gerais, é muito interessante – disponível em https://bit.ly/3qu2BIP, acesso em jul/2023.

## Para finalizar

Espero que este breve e incompleto relato tenha mostrado parte da imensa influência do que ela realizou durante sua trajetória acadêmica.

- Na área de Ensino de Física, além dos livros com o prof. Antônio Máximo, as ideias que ela defendeu tanto na Licenciatura em Física, quanto na Física Geral para a graduação nas áreas de Ciências Exatas e Engenharias.
- Na área de extensão com os projetos de ensino junto com a SEE/MG, que formaram e reciclaram um número enorme de professores, e a divulgação científica, que ela participou tanto coletivamente – SBPC Jovem, UFMG Jovem –, quanto individualmente com "a casa da Beatriz".
- Na área de pesquisa e pós-graduação ela também se envolveu e é uma referência, mas eu tive muito pouco contato com seus trabalhos nessa área.

Para finalizar, eu fui extremamente influenciado pela prof.ª Beatriz e sua forma de pensar o Ensino de Física. Essa ascendência fica clara nos dois tópicos de Física Conceitual que propus e ministrei de

2006 a 2021, direcionados principalmente para a Licenciatura em Física. Esses tópicos têm como objetivo rever e aprofundar os principais conceitos básicos de Física que podem ser abordados no Ensino Médio e têm uma abordagem bem contextualizada, quase que sem formalismo[14].

---

[14] Um relato dessa experiência foi publicado na Rev. Bras. Ens. Física, vol. 42, e20190258 (2020).

# BEATRIZ E EU

*Ruth Schmitz de Castro*

MEU PRIMEIRO contato com Beatriz foi com seus livros, como a maioria das pessoas que a conhecem Brasil afora, mesmo sem terem tido a alegria de estar com ela pessoalmente. Final dos anos 1970, aluna de magistério no Instituto de Educação de Minas, a paixão pela Física parecia improvável. O livro escrito por Beatriz em parceria com o ex-aluno e também professor Antônio Máximo ajudou a despertar meu interesse por essa ciência. Escrito em três volumes e denominado "Curso de Física", essa obra foi atualizada e reeditada ao longo de mais de 50 anos, permitindo que diversas gerações tivessem acesso a uma Física mais inteligível e, certamente, mais fascinante.

Foi em 1981 que conheci Beatriz pessoalmente. Recebeu a mim e a outros colegas que integravam o Centro de Estudos de Física para programarmos uma atividade de boas-vindas aos calouros no Departamento de Física da UFMG. Encantaram-me, desde então, sua disponibilidade, sua abertura para o novo e o diverso, sua generosidade e seu entusiasmo.

Como todos que conviveram com Beatriz, fui profundamente tocada por sua mente aberta e sem preconceitos, por uma inteligência sem fronteiras e pela doação ilimitada à educação, ao ensino e à divulgação da Física. Fui sua aluna na disciplina "Instrumentação para o Ensino", quando me apresentou os grandes projetos de Física, PSSC, Harvard, Nuffield e também as caixas Bender, Phywe e outros materiais que visavam levar para sala de aula uma abordagem mais experimental e mais empolgante da Física. Todo esse material era avaliado com imaginação e argúcia, instigando-nos a buscar formas de melhor adequar seus usos aos nossos contextos. Propunha projetos de intervenção nas escolas, ofertas de minicursos e atividades de exposição e partilha de conhecimentos. A todos os trabalhos apresentados acompanhava com energia e disposição, mesmo se desenvolvidos em escolas distantes e até mesmo em outras cidades.

Suas aulas eram encontros prazerosos, marcados pela larga experiência com conceitos e práticas, por seus compromissos e propósitos, tudo muito bem temperado pela paixão e deslumbramento que transbordavam dos inquietos olhos azuis. E adoçadas por chocolates que ela sempre amou e que não se furtava em dividir com toda a turma. Era comum levar um delicioso bolo de Natal feito por ela, receita de família, que pude saborear por muitos anos, uma vez que a vida me brindou com o privilégio de ter com Beatriz uma relação mais próxima de amizade.

Pude por isso conhecer outras faces dessa mulher incrível e adorável. Criança eterna, sem idade, tudo a divertia e nada a desanimava. Além de se destacar em matemática, esteve sempre envolvida em atividades diversas: confecção de jornais, competições esportivas, maratonas intelectuais. Com o marido, Celso Álvares, professor de literatura, compartilhou, entre tantas outras, a paixão pela poesia, pela prosa e pelas viagens. Também adorava cantar. Com sua voz potente de contralto, entoava os mais diversos ritmos, das marchinhas de carnaval às canções francesas. Orgulhava-se de saber inteira *La Marseillaise*, que cantava como se nos convocando para lutar o bom combate.

Reinou absoluta nos vários ambientes em que circulava: nas escolas de todos os níveis, na universidade e instituições científicas em que atuou e nos diversos órgãos governamentais aos quais emprestou brilho e força. Anos e anos acompanhei os incontáveis tributos que lhe foram prestados, entre medalhas, títulos e prêmios, nunca equiparáveis a sua dedicação integral e incondicional ao Outro e à construção de um mundo melhor e mais justo. Na família e entre os amigos mais íntimos, o carinho, o bom humor e a vivacidade quase travessa agigantavam sua presença, repartida e distribuída a todos, sem reservas. Junto às crianças, fulgurava: decompunha o mundo em movimento, luz, cores e sons, risos e gargalhadas. Com simplicidade, pelo lúdico e pelo belo, revelava a alma magnífica das coisas e dos fenômenos.

Hoje, aos 100 anos, continua, por vezes, brindando-me com sua companhia. Os olhos azuis continuam lindos e profundos. As mãos parecem prontas para explicar a próxima lição. Adora manteiga e ainda come chocolates como quem sabe que "*não há mais metafísica no mundo senão chocolates*" e que "*as religiões todas não ensinam mais que a confeitaria*"[15].

Como os grandes monumentos, resiste ao tempo permitindo-me, a todo encontro, admirá-la, com o encanto da primeira vez. Chamar seu nome, de sonoridade rara e incomum, basta para continuar fazendo cumprir o que sua etimologia profetiza: Beatriz, mensageira da alegria, aquela que faz os outros felizes.

---

[15] Fernando Pessoa (como Álvaro de Campos) em *Tabacaria*.

# CONTRIBUIÇÕES DE BEATRIZ ALVARENGA PARA O ENSINO DE FÍSICA – FOCO NO ENSINO MÉDIO

*Maria José P. M. de Almeida*

O DESAFIO de pensar contribuições da professora Beatriz Alvarenga para o Ensino de Física está, principalmente, no que focalizar, dada a profusão dessas contribuições. Apenas sintetizando seu percurso, aponto aqui que, ela foi a única mulher no curso de engenharia em que se formou, e que nos anos 40 começou a dar aula de física num colégio, numa época em que não era usual mulheres lecionarem essa disciplina. Já como professora na Faculdade de Filosofia Ciências e Letras da Universidade Federal de Minas Gerais (UFMG), nos anos 60 participou com outros professores da criação do Departamento de Física dessa Universidade.

Dentre os reconhecimentos que recebeu, destaco aqui o título de professora emérita do Departamento de Física da UFMG, no final dos anos oitenta, e já nos anos 2000 recebeu homenagem da UFMG pela divulgação da Ciência, além das medalhas da Inconfidência e Conselheiro Christiano Ottoni. A primeira do governo do Estado de Minas Gerais e a segunda pela escola de Engenharia da UFMG.

Ainda no que se refere a homenagens à professora Beatriz Alvarenga não posso deixar de citar aqui a homenagem do episódio da série "Biografia Viva", uma live realizada em 30/05/2023, sobre "Ensino de Física na obra de Beatriz Alvarenga". O conjunto do que foi apresentado pelos convidados, bem como os comentários dos organizadores e, inclusive, de alguns participantes que assistiam as apresentações, evidenciaram a grandeza da pessoa e da sua obra. Em diferentes momentos de sua careira, bem como a sua importância para o Estado de Minas Gerais e para o Brasil.

Sobre o envolvimento de Beatriz com o ensino, numa reportagem da revista Diversa da UFMG (n. 12, de 2013), publicada quando Beatriz já tinha 90 anos, pode-se ler: "Ela vive o ensino 24 horas por dia e passou a vida inteira querendo ver a educação melhorar". Nessa mesma reportagem, uma foto, em que ela está sentada diante de uma mesa repleta de objetos próprios para a realização de atividades práticas associadas à Física, ilustra a sua consideração ao apontar o ensino voltado para a física do dia a dia.

E dentre os indicadores do envolvimento de Beatriz com o ensino da física, busco agora sua presença em Simpósios Nacionais de Ensino de Física (SNEF) realizados no Brasil. O primeiro ocorreu em 1970 e, nas atas desse simpósio, já na primeira sessão, "Ensino de Física no Ensino Médio", encontramos, como relatora, a professora da UFMG Beatriz Alvarenga. Ali ela agradece a oportunidade de participar, afirmando: "[...]debater um tema ao qual tenho dedicado a maior parte de minha vida, que é o ensino de Física". Nesse discurso, citações como a que faz de uma fala, de Richard Feynman na primeira Conferência Inter Americana sobre o Ensino da Física, e, inclusive, a citação de falas de poetas como Thomas Elliot, referindo-se à Educação, são fortes indicadores do seu envolvimento com essa área.

Já voltada para o que nota no ensino da física em Minas Gerais, Beatriz elenca 10 falhas e aponta algumas possibilidades, visando a melhora. E, além de outros comentários, aponta que "Um trabalho de pesquisas educacionais se faz necessário e neste setor estamos a zero". Pesquisas que efetivamente ocorrerão, como podemos notar com o crescimento da área de Ensino de Ciências nos anos seguintes. Na mesma, ata o nome de Beatriz também aparece sugerido para a Comissão de Assuntos de Ensino, proposta entre as moções aprovadas no final do simpósio.

No segundo SNEF, realizado em Belo Horizonte em 1974, Beatriz evidencia seu envolvimento com a legislação referente ao ensino e com a formação de professores, num período em que ela fazia parte do Conselho de Titulares da Sociedade Brasileira de Física - SBF (1973-1975). Nesse simpósio Beatriz coordenou a Mesa Redonda "Formação dos Professores de Ciências e de Física", na qual é discutida a lei 5692, referente à Reforma de Ensino ocorrida nos então 1º e 2º graus, hoje Ensino Fundamental e Médio. E além dessa lei, diferentes aspectos associados à Licenciatura foram então apresentados pelos integrantes da mesa, composta por cinco membros, de diferentes instituições, além da coordenadora.

Não é meu propósito aqui falar de todos os envolvimentos de Beatriz Alvarenga com o ensino, nem todas as suas participações nos SNEF ou outros tipos de encontros. Entretanto, refiro-me agora à sua participação, num dos SNEF do nosso século, como um gatilho para em seguida referir-me a ela como autora de livros didáticos. Já aposentada desde 1987, Beatriz não abandonou seu envolvimento com questões de ensino. No XVI SNEF (2005) ela participou da mesa "A Física no Ensino Médio" com a apresentação "O papel do livro didático no Ensino Médio". E é à Beatriz autora de livros didáticos que me refiro a seguir.

A influência, por ela apontada, de que o tipo de livro adotado no Ensino Médio pode ter sobre alguns alunos fica evidente ao lermos a publicação de 2019 da opinião da professora do Departamento de Física da UFMG Regina Pinto de Carvalho[16]. Ali ela nos conta que cursava o Ensino Médio (então colegial) na década de 60. E refere-se à Física como esquisita, árida e cheia de fórmulas. Afirma que era uma disciplina que não a atraia nem um pouco.

Entretanto, essa opinião mudou quando no segundo ano o professor adotou o PSSC (Physical Science Study Committee). E aí a Profa. Regina comenta: "O texto nos levava a observar a Natureza e tentar interpretá-la usando conceitos físicos, com exemplos e ilustrações que abrangiam desde assuntos corriqueiros até pesquisas recentes sofisticadas. Mudei logo de ideia decidida a estudar Física". Também conta que depois de traduzido, cursos sobre o PSSC foram oferecidos na América Latina. E referindo-se a Beatriz aponta: "Nossa querida professora Beatriz Alvarenga, autora do best-seller entre os livros de Física para o ensino médio, foi aluna dileta do prof. Jearl Walter, um dos mentores do PSSC, e na primeira versão do seu livro reconhecemos claramente a influência do projeto".

Em seguida a Profa. Regina, referindo-se ao livro didático, redigido por Beatriz e por seu colega Antônio Máximo, aponta que "[...] seu livro, que ficou conhecido como 'o livro da Beatriz' foi modificado ao longo de mais de 40 anos, para atender às necessidades locais e incluir resultados recentes de pesquisas em Física".

Assim como a Profa. Regina, ao ler algumas das edições desse livro, pude notar a influência do PSSC por ela apontada. Isso ocorreu por

---

[16] A Corrida Espacial e o ensino de Física. Texto na sessão Opinião da SBF. 2019. Disponível em: https://sbfisica.org.br/v1/sbf/a-corrida-espacial-e-o-ensino-de-fisica/. Acesso em: 05 out. 2023.

ter tido a oportunidade de conhecer esse projeto na aula de Instrumentação para o Ensino, quando cursei a Licenciatura em Física, e também o ter adotado em algumas aulas para o Ensino Médio. Destaco o fato de no livro poder notar-se a quantidade significativa de textos sendo os símbolos e fórmulas explicados antes de serem apresentados.

E com o intuito de buscar evidenciar um pouco das diretrizes com que ao longo dos anos o livro, de Beatriz Alvarenga e Antonio Máximo, foi sendo constituído, aponto a seguir algumas características focalizando mais de uma edição. Nesse sentido, admito inicialmente que, a leitura dos recortes apontados não pode deixar de considerar os inúmeros determinantes que contribuem para a publicação dos livros didáticos, tais como a legislação vigente e as condições impostas pelas editoras. Preciso também registrar que, a seleção das edições foi bastante aleatória, buscando apenas notar algumas das continuidades e das mudanças notadas em diferentes edições. E, ao notar uma mudança não procurei verificar se aquela era a primeira edição em que ela ocorria. Entretanto, segui em sequência, de uma edição mais antiga para uma mais atual.

Partindo das apresentações dos próprios autores, me detive inicialmente no Prefácio da 4ª edição do livro publicado em 1974 com o título "Física" e no da 9ª edição, publicado em 1976, com o mesmo título.

Na edição de 1974, os autores justificam a necessidade do livro apontando dificuldades com o ensino de física por professores e alunos. Referem-se ao fato de cientistas de todo mundo estarem se preocupando com uma reforma no Ensino de Ciências, por julgarem o ensino distante da filosofia da ciência nesse século. Apontam que novos programas estavam sendo organizados em muitos países. Referem-se também a conferências ocorridas, inclusive no Brasil e, apontam que programas desenvolvidos em outros países haviam sido traduzidos no Brasil, dizendo que "[...] verificou-se a impossibilidade de sua adoção integral, seja pelas dificuldades materiais que ela acarreta, seja pela inadequação da sua filosofia à nossa realidade".

Nesses Prefácio os autores também se referem ao início da obra, "Em meados de 1967, nos propusemos a organizar um programa completo de ensino de Física para a escola secundária, com livros textos para os estudantes, guias para professores, guia de laboratório, materiais auxiliares de ensino de um modo geral, etc.". Destaco ainda um outro trecho desse Prefácio, que nos aponta as representações dos autores sobre as características do livro: "Nossa intensão é fazer um trabalho que sendo moderno, pois dá ênfase às leis gerais, reduz a informação ao mínimo necessário, procura desenvolver o gosto pela experiência e o raciocínio lógico – seja ao mesmo tempo real, não se constituindo numa utopia[...]". Nesse "gosto pela experiência" nota-se o que considero possível influência do PSSC, um projeto que focou muito em experimentos de laboratório. Esse foco em experimentos é compatível com a foto a que me referi anteriormente, da revista Diversa em 2013.

Passo agora para o Prefácio da 9ª edição, publicada em 1976. A mudança é muito grande em relação ao que me referi anteriormente, sendo que nesse Prefácio, basicamente, os autores apenas apontam, justificando, o que mantiveram e o que mudaram. Nele, eles afirmam: "O incentivo que vimos recebendo, as críticas construtivas feitas por alguns colegas e as sugestões apresentadas por outros nos animaram a reformular este texto[...]". E depois de apontarem que buscavam uma adequação ao ensino do segundo grau, afirmam procurar manter a ênfase nas leis gerais, procurando desenvolver nos estudantes a capacidade de observação da natureza e o gosto pela experiência e raciocínio lógico. Ao apontarem diferenças desse texto, entre elas apontam a reformulação de vários capítulos "[...]para evitar a introdução de certos conceitos, cuja compreensão julgamos muito difícil para a maioria de nossos alunos". Referindo-se ao que chamam de "modificação substancial" afirmam ter modificado a apresentação dos exercícios, incluindo maior número e colocando-os em ordem lógica com o desenvolvimento das seções, apontando "[...]o que sem dúvida facilita a tarefa do professor[...]". Também indicam terem apresentado no final do livro respostas curtas de todos os exercícios visando incentivar o estudante no estudo.

Já numa edição da década seguinte, de 1981, o título dos livros havia mudado, agora era "Curso de Física". Dessa edição destaco como característica mantida, a consideração da relevância da atividade prática. De um texto direcionado "Ao Professor", apresentado logo após o Índice, nesse livro chamado de "Conteúdo", destaco dois pequenos trechos: [...]preocupamo-nos em dar ênfase às leis gerais, reduzindo substancialmente as informações, de caráter específico[...]" e "[...]- um dos pontos de preocupação dos educadores que se dedicam ao ensino de ciências é a ausência quase total de trabalhos experimentais". Em seguida os autores comentam saber das dificuldades existentes, entre outras, referem-se à ausência de laboratórios e falta de condições para manutenção dos materiais, e afirmam que buscam no curso contornar as dificuldades. "[...]sugerindo a realização de experiências muito simples, utilizando quase exclusivamente material de uso diário do estudante, de tal modo que ele possa realiza-las até mesmo em sua residência[...]".

Passando aos anos 90, numa edição de 1992, pude notar que o título dos livros "Curso de Física" havia sido mantido. E no que se refere ao texto dirigido "Ao Professor" é apresentada a mesma preocupação com a ausência quase total de trabalhos experimentais. Já no que se refere às atividades propostas, enquanto na edição de 1981 as "Experiências Simples" são apresentadas apenas nos capítulos, na edição de 1992, elas já são indicadas no Conteúdo (Índice) que é apresentado logo no início do livro.

Mesmo tendo me limitado a destacar apenas alguns propósitos dos autores, apontados nos prefácios de livros dos anos 70 a 90, acredito ter salientado algumas características, que evidenciam uma visão da física no percurso das edições sucessivas. Um foco associado à busca de motivar os estudantes com características como as leis gerais dessa disciplina e o valor da sua relação com os artefatos presentes no dia a dia dos alunos. O que certamente só pôde ocorrer com grande dedicação ao que estava sendo realizado.

Sobre as várias características do livro que os autores apontam quando se dirigem ao professor, o mesmo foco nas leis gerais que destaquei na edição de 1981, está presente na de 1992. Entretanto, desta edição destaco também a seguinte característica: "Procuramos ressaltar, em cada tópico estudado, a Física presente no cotidiano das pessoas, focalizando fenômenos interessantes e úteis, para os alunos se sentirem incentivados a conhecer os princípios e leis físicas neles envolvidos". Podemos notar a relação estreita dessa característica com a que aponta para experiências simples.

Já dentre as 12 edições de livros didáticos do Programa Nacional do Livro Didático (PNLD), da edição 2018-2020, encontra-se o título "Física Contexto & Aplicações: Ensino Médio" dos autores Antônio Máximo,

Beatriz Alvarenga e Carla Guimarães. Com uma nova coautora, a presença da Beatriz, evidencia o quanto a engenheira que que se dedicou à física e entre muitas outras atividades voltou-se com dedicação para compreender e contribuir para o Ensino Médio.

Com o destaque de alguns propósitos dos autores, presentes nos prefácios dos livros didáticos de diferentes edições, acredito ter contribuído para evidenciar a visão ampla dos autores, tanto sobre a física quanto sobre o seu ensino. E também algo extremamente importante, o modo como ao longo do percurso, com que foram elaborando as diferentes edições, olharam para as condições em que os livros seriam utilizados. Algo que certamente ultrapassa o saber físico, congregando grande compreensão de como o ensino pode ser desenvolvido na sala de aula, onde as condições vão mudando, às vezes em pouco espaço de tempo.

E ao pensar as contribuições da Beatriz para o ensino, tendo aqui me voltado para ela e o Ensino Médio, não posso deixar registrar seu percurso como professora da formação inicial e continuada de professoras/es de física e como divulgadora científica da física.

Finalmente, acredito que, o melhor modo de homenageá-la é parabenizá-la, pelas imensas contribuições que fez no seu percurso centenário.

# EMPATIA, APOIO E DENÚNCIA: COMPROMISSOS DA PROFª. BEATRIZ ALVARENGA COM PROFESSORES E SUA FORMAÇÃO

*Orlando Aguiar Jr*

UM TRAÇO MARCANTE da trajetória da Professora Beatriz Alvarenga é seu compromisso com professores, marcado pela defesa firme e enérgica de sua autonomia intelectual, solapada pelo descaso de políticas públicas e pela negação de sua profissionalização. Este texto busca resgatar este legado pelo relato de acontecimentos em que tive o privilégio de acompanhá-la em ação. Procurei, ainda, registros nas atas dos Simpósios Nacionais em Ensino de Física, eventos nos quais ela teve presença marcante.

A profissionalização docente, examinada por autores como Nóvoa (1997), Tardif (2002), e Freire (1996), é um processo e enquanto tal, envolve múltiplos aspectos: identidade, reconhecimento social, preparação acadêmica, prática profissional, práxis transformadora, compromisso ético e autonomia. Conquanto vem sendo solapada pela precarização da formação e das condições de trabalho, a profissionalização docente é forjada por meio de uma luta constante por direitos.

Sobre identidade e reconhecimento profissional, Beatriz Alvarenga se preocupava com o número de professores de física sem formação inicial para tal (matemáticos, engenheiros, farmacêuticos ou mesmo leigos), completamente desamparados em seu exercício profissional. Em suas ações com professores, falava sempre da necessidade de fazer chegar recursos e informações a estes professores, não apenas como compensação a uma educação inicial precária. Para ela, a formação continuada[17] era um direito de todo e qualquer cidadão, sobretudo professores,

---

[17] Beatriz Alvarenga tinha reservas com o termo formação continuada ou formação em serviço quando empregada a professores formados. adequadamente. Nesse caso, preferia falar em atualização, aperfeiçoamento ou especialização na área de ensino.

dada a natureza de seu trabalho. Tudo muda, estamos aprendendo sempre, dizia ela; o professor tem que se atualizar com novos métodos de ensino, estudos sobre a ciência, novas tecnologias e aplicações da física. A Física é uma ciência viva, pulsante, afirmava com eloquência; os professores têm o direito de ter acesso aos estudos sobre a ciência e seu ensino, com tempo, incentivo, apoio e condições para fazerem cursos de atualização, vinculados a seu trabalho nas escolas.

No discurso que proferiu ao receber a homenagem de "Honra ao Mérito no Ensino de Física", na abertura do XII SNEF (Belo Horizonte, 1997), ela expressou a gratidão pelos cursos de atualização que frequentou, nos anos 60, por iniciativa de jovens professores do ITA, destacando o impacto gerado por tais iniciativas[18]. Nesta mesma homenagem, destacou, como principal entre os problemas a serem enfrentados, "a questão da melhoria da formação e o crescimento do número de professores habilitados intimamente relacionado com o problema da obtenção de salários condignos, melhores condições de trabalho, aperfeiçoamento e atualização dos docentes" (SBF, 1997, p. 21-22).

Beatriz Alvarenga via as reformas educacionais com o olhar crítico de serem gestadas na ausência de políticas de valorização dos professores. Para ela, as reformas serão efetivas apenas quando forem sustentadas por ações cotidianas de professores nas escolas. A transformação da educação escolar passa, necessariamente, pelo envolvimento ativo, reflexivo e crítico de professores e por condições materiais que suportem a ação coletiva dos professores nas escolas. Assim, não há reforma educacional sem investimento nas escolas e na formação de professores.

Cobrava, ainda, um diagnóstico das realidades locais, para ações efetivas de políticas públicas. Em uma apresentação no I SNEF (Salvador, 1970), ela dizia:

> Temos tentado reformas, temos feito modificações sem direção, sem saber muito bem porquê, apenas por ter certeza de que as cousas não estão certas, embora essas cousas que

---

[18] Foi aluna na primeira versão dos cursos do ITA para aperfeiçoamento de professores de Física, e professora em edições posteriores.

> estão erradas não tenham sido bem definidas. Um levantamento do número de alunos, do número dos professores, de sua remuneração, dos recursos financeiros e pedagógicos com que podem contar alunos e professores, e uma série de outros dados indispensáveis para o conhecimento perfeito da situação, são praticamente inexistentes. (SBF, 1970, p. 17)

Para ela, as ações de formação deveriam se apoiar em pesquisa, e serem pautadas pela escuta atenta aos professores e às condições encontradas nas escolas. Deveriam, ainda, ser acompanhadas por investimento massivo em educação, dada a precariedade das condições de trabalho e remuneração dos professores, que ela denunciava, com dados, em suas palestras. Nesta mesma comunicação, em 1970, a partir do trabalho de coordenação de atividades de ensino do Colégio Estadual Central, de Belo Horizonte, ela enumera dez hipóteses de trabalho sobre possíveis causas do fracasso do ensino, apesar da dedicação dos professores. Entre elas, destaco: 1. As aulas, em sua maioria, não despertam o interesse dos alunos; 2. O número de informações fornecidas é muto grande, de tal forma que sua retenção é impossível; 3. O ensino é livresco e acadêmico, e os professores pouco tocam em problemas mais concretos; 4. O ensino dá pouca ênfase à formação de atitudes, valores e habilidades; 5. Não há uma definição clara da filosofia adequada, isto é, não se sabe que transformações se espera nos estudantes (SBF, 1970, p. 20).

Adiante, concluía que as ações de formação de professores deveriam ter um caráter sistemático e mais abrangente: "A inquietude de um ou outro professor ou a decisão pessoal de alguns deles em pesquisas no campo do ensino não poderá trazer solução. Os problemas terão de ser enfrentados por uma **entidade** de maneira sistemática e planificada." (SBF, 1970, p. 21, grifo da autora).

Firme defensora das Universidades Públicas, cobrava sempre delas maior compromisso com programas de formação de professores. Em mesa redonda "A Universidade e o Ensino de 1º e 2º Graus", coordenada por ela no X SNEF (Londrina, 1993), registrou nas Atas, sob o título "A pequena contribuição das universidades ao ensino de 1º e 2º graus", críticas aos modelos prevalentes dos cursos de licenciatura, "sem identidade própria e vistos muitas vezes como uma versão empobrecida dos cursos de bacharelado" (SBF, 1993, p. 19). O texto de relato da mesa reforçava, ainda, a necessidade de fortalecimento de programas de extensão para capacitação de professores, colaboração na elaboração e orientação para uso de recursos didáticos.

Em 1997, por ocasião da 49ª Reunião Anual da SBPC em Belo Horizonte, Beatriz coordenou a V SBPC Jovem, evento paralelo da SBPC com atividades para crianças, jovens e professores da Educação Básica. Participei, com muitos outros colegas, da organização e realização deste evento e posso atestar a impressionante capacidade de articulação da Professora Beatriz Alvarenga, apoiada por Maria Helena Michel, então secretária do Departamento de Física. A SBPC Jovem foi um sucesso, com um grande número de atividades, diversificadas e de excelente qualidade, acompanhadas por monitores, vários deles estudantes dos cursos de licenciatura da UFMG. O evento foi muito bem divulgado e atraiu visita de escolas, professores, jovens e crianças acompanhadas por familiares.

O sucesso deste evento impulsionou outros projetos da Professora Beatriz Alvarenga. Ela fez uma proposta de criação de um amplo programa de extensão denominado *UFMG Jovem: Conhecimento para Todos*, centrado na oferta de atividades da UFMG para o público jovem e para professores da Educação Básica. Além da reunião anual, o projeto previa atividades permanentes, "como a oferta de palestras, minicursos, exposições itinerantes em cidades do interior de Minas e atendimento a professores" (UFMG, 1998). Infelizmente, o programa foi acolhido com modificações. Após a realização da I UFMG Jovem, em fevereiro de 1999, Beatriz Alvarenga se afastou da coordenação do evento, diante da negativa da Universidade em fazer do programa uma oferta permanente de atividades. Ela vislumbrava mais do que um evento anual; projetava a Universidade aberta durante todo o ano, com atividades, espaços e recursos voltados, sobretudo, para divulgação científica e formação continuada de professores. Apesar disso, parte de seu legado permanece: em 2023 realizou-se a 24ª Edição do Programa.

Este episódio, entre tantos outros, ilustra o embate que ela enfrentou durante toda sua vida, entre uma falsa contraposição entre duas exigências ou projetos para as universidades públicas. O primeiro, por uma Universidade de qualidade e excelência em pesquisa; o segundo, uma Universidade aberta, inclusiva, com forte impacto social e programas de extensão. Beatriz lutava por conciliar estes dois projetos, não apenas em discursos, mas na prática, com investimento de recursos materiais e de pessoal (professores e técnicos educacionais) voltados para tal.

Outro embate, semelhante a este, mas com desfecho favorável, foi abraçado por ela alguns anos antes, quando da implementação de cursos de licenciatura noturna em Física, Química e Biologia na UFMG, em 1994. Até então, a Universidade tinha poucos cursos noturnos e a criação de novas ofertas enfrentava grandes resistências. A defesa dos cursos de licenciatura noturna, feita, entre outros, pelos Professores Luiz Pompeu de Campos, Márcio Quintão Moreno e Beatriz Alvarenga, era pautada pela necessidade de ampliação da oferta de cursos de licenciaturas e pela democratização do acesso à universidade pública. Os cursos foram instalados com sucesso e grande procura.

Por trás de seu olhar sereno e acolhedor, Beatriz Alvarenga foi sempre reconhecida pelo vigor na defesa de pautas políticas. Foi assim que, ao fazer um balanço de sua atuação, no discurso de homenagem em 1997, lembrou de suas lutas frente às arbitrariedades impostas por governantes: "contra aspectos da Reforma Universitária, contra a Lei 5692, contra influências em nossa legislação de ideias adotadas por órgãos externos e com interesses escusos, contra a implantação da resolução 30/71 e suas consequências nefastas que ainda perduram em nossa educação." (SBF, 1997, p. 21)

Além da denúncia, Beatriz Alvarenga buscava alternativas a estas políticas. Em comunicação no V SNEF (Belo Horizonte, 1982) apresentou, com o Professor Jésus de Oliveira, um estudo que demonstrava "a viabilidade de um curso de formação de professores de ciências nos moldes da proposta feita pela SBPC ao MEC/SESU". Neste estudo, dizem os autores, "mostramos que seria possível e com bastante flexibilidade, oferecer aos interessados meios de obter licenciatura em Física e habilitações adicionais para o ensino de ciências ou para o ensino de uma disciplina da área profissionalizante de 2º grau" (SBF, 1982, p. 94).

Neste mesmo encontro, apresentou, com a Profa Maria de Fátima Satuf Rezende, relato de "Reestruturação de Física Geral de 1º Ciclo do ICEX-UFMG" nos moldes do que denominaríamos hoje "metodologias ativas". Este projeto havia sido aplicado por ela e pela Profa Maria de Fátima, em turmas experimentais durante 4 semestres consecutivos. As autoras afirmam que, "de maneira geral houve boa aceitação dos estudantes, maior frequência às aulas e índice de reprovação menor do que em outras turmas (....). Os estudantes mostraram maior assimilação do conteúdo, por terem oportunidade de tratarem de um mesmo assunto várias vezes, em situações diferentes." (SBF, 1982, p.101-102) Em 1979, fui aluno de uma destas turmas, tendo como Professora Maria de Fátima Satuf e confirmo que a experiência foi, de fato, memorável e enriquecedora. A partir de uma apresentação inicial de cada tópico pela professora, fazíamos estudos individuais e em grupos, com escolha do livro didático, apresentávamos seminários, resolvíamos exercícios e fazíamos experimentos. Além disso, ao final da disciplina, em duplas, desenvolvíamos um experimento de caráter investigativo com aplicação de conteúdos tratados no curso.

A recuperação de seu legado como professora e formadora pode, certamente, ser ampliado com um olhar sobre o contexto cultural e educacional nas quais a Professora Beatriz Alvarenga foi formada e em que atuou profissionalmente. Em tese recente de doutorado, o Professor Ely Maués examinou a trajetória dos precursores da área de Ensino de Física em Belo Horizonte, consideradas por ele como uma Comunidade de Prática que vai se constituindo na colaboração destes fundadores (Maués, 2023). Beatriz Alvarenga foi uma das personagens deste enredo, juntamente com os Professores Francisco Magalhães, Ramayana Gazzinelli, Márcio Quintão Moreno, Jésus de Oliveira e Francisco López de Prado. Por meio de entrevistas e documentos, o autor conclui que estes professores participam de um empreendimento de formação dos membros de uma comunidade de prática de ensino de física na cidade. Tinham, para tal, objetivos comuns: romper com uma tradição de ensino de física, desenvolvendo práticas experimentais e formando uma geração de professores e pesquisadores.

Termino este relato com lembranças da casa da Professora Beatriz Alvarenga, na Rua Pouso Alegre, em Belo Horizonte. Tendo se mudado, no final dos anos 90, para um apartamento nesta mesma rua, ela transformou a casa em escritório aberto a visitas de professores e estudantes de ensino médio. Além de livros, cartazes e histórias, a casa era um museu aberto com brinquedos científicos colecionados pela Beatriz em suas visitas a Museus de Ciências mundo afora. Nesta ocasião eu já era professor da Faculdade de Educação e levei, muitas vezes, alunos do curso de Física e turmas do PIBID ao escritório. O encantamento era geral e inevitável.

Relembrando esses encontros, posso dizer que um traço da personalidade e caráter da Professora Beatriz Alvarenga é a empatia que tem pelos professores, no sentido de colocar-se no lugar do outro, de ter para com eles uma escuta atenta e por fazer ecoar as vozes de lutas pela valorização de seu trabalho. Diante da queixa frequente dos professores de apatia de seus alunos, mostrava caminhos de encantamento com a ciência, apontando para ações possíveis de aproximação dos conceitos e teorias científicas e contextos da vida dos estudantes. Seus olhos brilhavam quando falava sobre situações e as ilustrava por meio de artefatos diversos. Encantar os professores com a física que ensinam é o caminho que ela utilizava para que esse encantamento se convertesse em ações efetivas de ensino, problematizando situações e forjando, a partir delas, conceitos e ideias científicas.

Suas ações e lutas inspiraram e inspiram muitas gerações de professores. A cada um de nós que convivemos com ela, cabe celebrar, agradecer e dar prosseguimento a seu legado.

## Referências

FREIRE, P. **Pedagogia da autonomia: saberes necessários à prática educativa**. São Paulo: Paz e Terra, 1996.

MAUÉS, Ely. **Origem e desenvolvimento da Comunidade de Professores de Física em Belo Horizonte na primeira metade do Século XX**. Tese Doutorado. Faculdade de Educação da UFMG, 2023.

NÓVOA, A. Formação de professores e profissão docente. In: NÓVOA, A. (Org.). **Os professores e a sua formação**. Lisboa: Publicações Dom Quixote, 1997. p. 13-33.

Sociedade Brasileira de Física. **Atas do I Simpósio Nacional de Ensino de Física**. Salvador, 1970.

Sociedade Brasileira de Física. **Atas do V Simpósio Nacional de Ensino de Física**. Belo Horizonte, 1982.

Sociedade Brasileira de Física. **Atas do X Simpósio Nacional de Ensino de Física**. Londrina, 1993.

Sociedade Brasileira de Física. **Atas do XII Simpósio Nacional de Ensino de Física**. Belo Horizonte, 1997.

TARDIF, M. **Saberes docentes e formação profissional**. Rio de Janeiro: Vozes, 2002.

Universidade Federal de Minas Gerais. **UFMG terá projeto voltado para público jovem**. Boletim da UFMG, setembro de 1998.